Pe. LOURENÇO KEARNS, C.Ss.R.

A ESPIRITUALIDADE CRISTÃ

NO MUNDO SECULAR

EDITORA SANTUÁRIO

Dados Internacionais de Catalogação na Publicação (CIP) de acordo com ISBD

K24e Kearns, Lourenço

A espiritualidade cristã no mundo secular / Lourenço Kearns. - Aparecida : Editora Santuário, 2021.
144 p. ; 14cm x 21cm.

Inclui bibliografia.
ISBN: 978-65-5527-112-6

1. Religião. 2. Cristianismo. 3. Espiritualidade. 4. Mundo secular. I. Título.

2021-2069 CDD 240
CDU 24

Elaborado por Vagner Rodolfo da Silva - CRB-8/9410

Índice para catálogo sistemático:
1. Religião : Cristianismo 240
2. Religião : Cristianismo 24

1ª impressão

Rua Pe. Claro Monteiro, 342 – 12570-000 – Aparecida-SP
Tel.: 12 3104-2000 – Televendas: 0800 0 16 00 04
www.editorasantuario.com.br
vendas@editorasantuario.com.br

INTRODUÇÃO

Este livro tem por finalidade criar certo confronto com a prática de sua religião, qualquer que seja, mas também, especialmente, com a fé cristã. Vivemos em um mundo secularizado faz tempo. E o maior resultado dessa realidade é que tentamos criá-lo "sem Deus", sem moralidade e sem responsabilidade para com os outros. Confronto não é briga, mas a busca sincera da verdade. Precisa da coragem para mudar nossa orientação e vivência de princípios básicos individual e comunitariamente.

Primeiro precisamos de um confronto com os princípios negativos do secularismo. Muitos deles são totalmente contra os que foram ensinados por Jesus Cristo. Infelizmente, um cristão não pode assumir vivê-los. Não pode servir dois princípios opostos e ser um cristão de verdade. O Espírito Santo nos coloca em estado de confronto em que precisamos discernir e escolher um ou o outro. Este livro vai tentar apresentar a parte negativa do secularismo para esclarecer em que momento precisamos escolher entre o Evangelho e o secularismo. O mundo precisa de profetas e profetizas que tenham a coragem de ir contra a corrente forte de secularismo, vivendo os princípios do Evangelho. Para poder fazer essa missão profética precisamos fortalecer e viver a espiritualidade.

O segundo capítulo deste livro vai examinar o conteúdo e a prática da espiritualidade. Nele, veremos que a espiritualidade, baseada na aliança do batismo, não é teoria, mas algo que precisa de coragem e práticas diárias, ser vivido e visto para ser profecia no meio do mundo secularizado. Vivê-la é realmente ir contra a corrente de secularismo que quer eliminar Deus e a prática de espiritualidade, porque incomodam cristãos ou ateus. Trataremos, também, das várias etapas e maneiras de viver essa espiritualidade, como um chamado para intimidade com nosso Deus, Pai, Filho e Espírito Santo, e sobre os tipos de espiritualidade. Deus não quer um relacionamento superficial com seus amados. Espero que esse seja um caminho de muita libertação em nosso relacionamento com Deus e com nosso próximo.

No terceiro capítulo, apresentaremos as três dinâmicas da espiritualidade que os monges antigos nos ensinaram a viver, que são necessárias para viver o Evangelho e os ensinamentos de Jesus, mas infelizmente foram esquecidas recentemente. Eles falam de nosso relacionamento com Deus, com nosso próximo e, finalmente, de nosso dever profético no mundo por meio de nossos serviços e ministérios.

No quarto capítulo, discorreremos sobre a oração de contemplação, que, recentemente, perdeu muita prática. Veremos que ela é um dom de cada batizado, que é chamado para a intimidade com Deus; sem a oração de contemplação essa intimidade simplesmente não acontece. Mostraremos vários sistemas úteis para chegar até a oração de contemplação e intimidade com Deus conosco.

No quinto capítulo, exporemos a necessidade do discernimento em nossa vida Cristã, pois, mais do que nunca, um cristão precisa discernir entre princípios de secularismo e o Evangelho. Também mostraremos alguns princípios sobre discernimento cristão que um profeta precisa praticar na vida cotidiana. No fim, o discernimento nos leva para a obediência, que, por sua vez, leva-nos para a intimidade com Deus e com o mundo.

No último capítulo, apresentaremos o conceito e a vivência do discipulado de Jesus Cristo. Isso inclui todo o conteúdo da *Lectio Divina* ou Leitura Orante da Palavra de Deus. Nosso caminho para a intimidade com Ele é por meio da leitura e contemplação do Antigo Testamento e do ser e do agir de Jesus nos Evangelhos, que nos colocam no abraço amoroso de Deus Pai.

Agradeço ao padre Rodrigo Augusto, C.Ss.R, corrigir e avaliar esta obra.

Enfim, espero, por este livro, conduzir os leitores a descobrirem o quanto Deus nos ama e quer que experimentemos seu amor diariamente.

O autor

I SECULARISMO – UM MUNDO SEM DEUS

O que é secularismo ou o processo de secularização? É um processo por meio do qual a religião perde sua influência sobre as variadas esferas da vida: política, econômica, social ou moral. Segundo Max Weber, um famoso sociólogo do século vinte, o termo secularização faz referência ao processo gradual do *abandono dos preceitos culturais que se apoiam na religiosidade*. Em outras palavras, está relacionado com o surgimento de um modo de vida que não está mais estruturado em torno de uma visão firmada em crenças e práticas ligadas a qualquer religião. As estruturas e crenças de todas as religiões têm menos influência ou importância em uma sociedade secularizada. Trata-se da separação de uma cultura baseada em crenças religiosas, que está ligada às demais estruturas da vida social, à política, aos aspectos monetários, dos processos legais no âmbito do direito. Essas áreas agora, de fato, não têm tanta conexão ou espaço e, segundo a crença do secularismo, *não deveriam ter nenhuma conexão com a religião*. Esse processo foi descrito, no século passado, por alguns como *a morte de Deus*.

Em certos países, a religião ainda tem alguma influência dentro da política, da economia, da moral e da educação, por isso a secularização também pode significar a mudança de uma atitude religiosa diante de um mundo novo. Isso significa que a religião não foi embora, apenas mudou de face e seu lugar de importância. Ela saiu do espaço público e foi para o individual. Tornou-se, em sua maior parte, uma religião intimista e espiritualista, sem grande influência na maioria de nossas decisões. Não precisamos, portanto, assumir compromissos com a humanidade. O individualismo, no sentido negativo, tomou conta da maioria das decisões. Nesse sentido, a fraternidade e a solidariedade não têm voz nem lugar.

Weber descreve esse fenômeno de secularização ao chamá-lo *processo de desencantamento do mundo*, em que o sujeito moderno despede-se de costumes e crenças, baseadas em tradições herdadas ou aprendidas e que no passado se apoiaram nos pilares fixos das religiões. É importante notar que estamos falando não só de crenças cristãs, mas também de todas as outras religiões. As explicações e os questionamentos, baseados na utilização da razão, quebraram a maioria das noções ancoradas no núcleo religioso tradicional e na fé. Agora há questionamentos e explicações baseados somente *na razão* que enfraquecem muitas das noções e influências da fé.

Quais são os sinais da secularização sem religião?

1 – Essa perda de influência de religião continua causando uma diminuição do número e de frequência de *membros praticantes* das religiões tradicionais e participação em suas liturgias religiosas. Há, sem dúvida, menos participação nas liturgias dominicais, diminuição dos leigos em assumir missão ou apostolados e de vocações sacerdotais e religiosas.

2 – Há a perda de prestígio das Igrejas e organizações religiosas na sociedade. Antigamente, por exemplo, havia as notícias sobre os anúncios do Papa ou da Conferência dos

Bispos do Brasil nos jornais e nos meios de comunicação. Parece que as Igrejas atualmente não são mais "notícia" fora de coisas negativas, como a pedofilia entre o clero etc. O mundo, simplesmente, não quer ser incomodado com as crenças e a moralidade que a religião apresenta.

3 – A influência de religião na sociedade e na cultura agora é desvalorizada, desprezada e até serve como uma fonte de gozação dos que seriamente a praticam.

4 – Houve uma notável diminuição dos serviços caridosos das instituições religiosas na sociedade, como escolas, hospitais, asilos etc. Sem a ajuda financeira dos fiéis, houve a impossibilidade de manter essas obras de caridade, que serviram os mais necessitados e mais pobres por séculos. O pobre não tem mais voz, valor financeiro, por isso pode ser descartado.

5 – Por fim, na desvalorização das crenças religiosas e dos valores a elas associados, ética e moral religiosas não são mais consideradas como guardiãs da moralidade pessoal, familiar e social. A lei agora é que *tudo vale* apesar de suas consequências imorais. A prática da caridade não tem mais influência.

6 – Um fato social incontestável dos países ocidentais de tradição cristã é a crise representada *pela morte do Sagrado*. Há menos participação e conhecimento da fé cristã. Os indicadores dessa crise incluem a queda da prática regular e litúrgica das religiões tradicionais, a adoção de práticas vindas de outras tradições espirituais não cristãs e, o pior de tudo, *o aumento da indiferença religiosa.*

7 – O secularismo é, portanto, a construção de *uma sociedade sem Deus*. Essa é a tendência que mundialmente estamos vivenciando hoje. É a busca de uma sociedade desvinculada dos valores religiosos. Repito que não são só católicos que estão

nesse barco. É uma ação contra todas as religiões tradicionais que seguem crenças e normas de ética e moralidade. "Religião já era" é o princípio cada vez mais crescente. A sociedade não quer mais ser incomodada com princípios que questionam sua falta de moralidade e sua liberdade sem compromissos morais e fraternos. O secularismo simplesmente endurece o coração diante de compromissos com Deus e o próximo.

8 - Em nosso tempo moderno, pessoas têm vivido para o mundo e seguindo os padrões do mundo. É muito triste constatar que um número notável de cristãos batizados também optaram pelos princípios de secularismo. Eles têm dado enorme valor às coisas do mundo em detrimento das coisas de Deus, que não têm mais espaço na vida de muitos. Não rezam e não procuram os sacramentos, como a Eucaristia e a Confissão, com uma devida frequência. E a imoralidade infelizmente cresceu cada vez mais. Em termos gerais, o secularismo consiste em uma afirmação das realidades imanentes deste mundo, lado a lado com uma negação ou uma exclusão das realidades transcendentes do outro mundo. O princípio é "agora sim e tudo vale", portanto não existe os conceitos do "céu ou do inferno". Consequentemente "sou livre e tudo vale segundo meus princípios egocêntricos". Ninguém pode me questionar, nem Deus, nem uma comunidade cristã.

Na escala social de valores, o fator religioso, embora que limitado, não desapareceu, mas ficou no segundo plano com o crescimento da secularização. Nesse contexto, a Igreja, como instituição, passa por um processo de *esvaziamento*, e muitos de seus ex-adeptos adotam a opção de crer, mas sem a necessidade de pertencer a uma instituição religiosa ou comunidade. Não tem nenhuma conexão com a realidade triste de muitos no mundo que não podem viver com dignidade. O egoísmo é a nova norma de moralidade. Esquecemos o segundo maior ensinamento de Jesus: "amai vos uns aos outros".

Sinais ou "crenças" do secularismo

1. ***Racionalismo*** – é uma teoria que dá prioridade à razão, que existe como a autoridade máxima e exclusiva. As regras diziam que jamais se deveria acolher algo como verdadeiro enquanto não fosse verificado pela razão. A fé então não tem mais importância, nem valor prático, segundo essa crença. A fé sempre vai além de simples razão. Agora só fatos científicos podem dirigir nossa vida, e Deus fica na margem dessa direção. A razão simplesmente exclui a pessoa de Deus.

2. ***Relativismo*** – é uma corrente de pensamento que questiona as *verdades universais* do homem, tornando conhecimento somente como algo subjetivo. Tudo é *relativo* e, por isso, não existem mais *absolutos* como princípios religiosos e morais. Tudo é válido segundo nossa determinação subjetiva. Nosso "eu" determina tudo, sobretudo, a vida e a moralidade. Deus e seus mandamentos ou não existem mais, ou ao menos não têm mais influência. Somos livres. Agora nós determinamos o que é bom ou mal.

3. ***Narcisismo*** – é um conceito da psicanálise que define o indivíduo que admira exageradamente sua própria imagem e nutre uma paixão excessiva por si mesmo. Sem normas religiosas, sociais e psicológicas, há então o cultivo excessivo do *amor-próprio*. Isso toca muito na moralidade, ou melhor, na falta de moralidade. Vivemos somente por nós mesmos sem nenhum compromisso ou obrigação para com os outros. É um profundo fechamento do coração para nossa capacidade de sair de nosso amor-próprio para podermos amar aos outros. Sair de nós mesmos, para doarmo-nos aos outros, é, segundo o narcisismo, tabu. Tudo agora é dirigido somente para nós. Colocamo-nos em um bloco de gelo, onde o amor de fora não entra, e o de dentro não sai. É autoamor no extremo.

4. *Hedonismo* – consiste em uma doutrina moral em que a busca do prazer é o único propósito e única guia de vida. É a norma da vida que promove prazer como se fosse um absoluto. É uma dedicação ao prazer como estilo de vida. A norma é que só precisamos nos sentir bem sem precisar pensar servir aos outros. Isso se refere especialmente no secularismo ao respeito de prazer sexual. Não há limites – não há moralidade –, nem mais a dignidade humana ou respeito à sexualidade dos outros, que existem para nos fornecer o prazer de qualquer maneira e ponto! A moralidade cristã não existe nessa situação. Somos livres. Tudo vale.

5. *Materialismo* – é a atitude das pessoas que entendem que tudo é matéria, portanto isso forma uma vida voltada *unicamente para os bens materiais.* Esses estão agora em primeiro lugar na mente da maioria das pessoas no secularismo. Até profissões que visam ao bem do próximo são, muitas vezes, voltadas para somente como podemos ganhar dinheiro, para nosso benefício próprio, sem precisar pensar em servir aos outros. Quem tem mais dinheiro é "gente", e quem tem menos é desrespeitado, se não, rejeitado e injustiçado. É o grande mal da modernidade. Sempre buscar mais e mais sem compromisso com a humanidade. O resultado é um fechamento do coração diante da realidade dos outros.

6. ***Individualismo*** – consiste no pensamento e na ação que somente o que promove nosso "eu" é o que tem valor na vida. O princípio é que não precisamos depender dos outros ou não precisamos nos sujeitar a normas gerais. *"Eu" sou o único dono de toda a verdade*. É um estado de egoísmo no extremo. Só nosso "eu" está no centro de tudo e de todas as nossas decisões. "Nós", ou o conceito de comunidade, não existem mais vivendo essa atitude. O individualismo enfraqueceu todas as instituições tradicionais, como o casamento, a família e a religião.

7. ***Gratificação*** – é, muitas vezes, usada para rotular as satisfações obtidas por comportamentos mais impulsivos: escolher o que nos dá gratificação, sem precisar pensar no amanhã. Há uma busca da *gratificação instantânea* sem nenhum compromisso com os outros. O conceito de serviço gratuito, como crença essencial do evangelho, simplesmente não existe. É só pensar em nós mesmos, no lucro e prazer. Isso destruiu todo o conceito do Evangelho de servir por amor sem receber até um reconhecimento de gratificação, que, nesse sentido, mata a prática de caridade.

8. ***Cultura Dualista*** – Houve uma construção de um *muro intransponível* que impede a possibilidade de reconciliação entre dois polos aparentemente diferentes:

1 – O secular e profano contra o Sagrado.
2 – O natural contra conceitos do sobrenatural.
3 – O imediato contra o eterno.

No secularismo sem princípios religiosos, temos visto o colapso das estruturas tradicionais, principalmente as das famílias e das Igrejas. A ciência tem influenciado cada vez mais o pensamento contemporâneo, causando até uma busca desenfreada daquilo que a tecnologia oferece ao homem. Dinheiro e conforto sim! Mas *religião, que exige compromisso com outros, não*!

Iniciou-se também uma forte tendência de intimismo religioso. *Eu sim os outros não.* Nossos coirmãos em necessidades são totalmente descartados por causa disso. Os valores morais têm sido substituídos por desejos imorais, que, cada vez mais, são vistos pela sociedade em geral como coisas *naturais*. Tudo vale e ponto. E tudo isso é comunicado e motivado evidentemente por meio das comunicações sociais, que afetam tristemente mais os jovens da próxima geração. Estamos formando uma futura sociedade totalmente virada somente para si mesma.

Na escala social de valores, o fator religioso passa ao segundo plano com o aprofundamento da secularização. As Igrejas e religiões como instituições passam por um processo de *esvaziamento*, e muitos de seus ex-adeptos adotam a opção por nenhuma instituição religiosa. Criam sua própria teologia e moralidade. Fecham a porta para a Sagrada Tradição das religiões. Religião simplesmente incomoda com seus dogmas e sua moralidade. Não querem ser mais questionados pelos princípios evangélicos porque eles interferem em sua *liberdade humana*. E um resultado terrível é o aumento de fratricidas em todas as suas formas. Sem a moralidade, o irmão mata seu irmão, como Caim matou Abel (Gn 4,1-16). Tantos sofrimentos humanos e espirituais são causados pela secularização do homem moderno.

No Brasil, o processo de secularização está crescendo. Há recentes movimentos em favor de coisas claramente contra a moralidade cristã, que são sinalizadores do atual momento que demonstram que o país já entrou na rota histórica de secularização em quase todas as esferas sociais. É justificar nossa vida desprovida das verdades evangélicas. É cair na armadilha de copiar o mundo para tentar justificar tudo sem ser incomodado pela força do Evangelho. Para o secularismo o que importa na vida é *o que funciona e o que produz a prosperidade.* A praticidade impera sobre a moralidade. Nesse sentido: "o fim justifica os meios". Tudo, portanto, é válido. Faltam abertamente a moralidade cristã e a ética. Tudo é justificado *pelo fim egocêntrico* que causa tantos sofrimentos no ambiente da família, do trabalho e da comunidade.

Essas "crenças" têm sido muito usadas até em diversas Igrejas. Não importa se a mensagem pregada é a do evangelho verdadeiro ou não. Essa ideia de fazer qualquer coisa para se atingir determinados objetivos é conhecida como *pragmatismo.* Esse ensina que pensamentos, ideias e ações só têm valor em termos de *consequências práticas e de sucesso*. Assim, não se precisam considerar os valores morais. O momento do sucesso determina se algo é certo ou errado. O que é prático é certo! Se a igreja enche, não importa quais meios estão sendo usados para conseguir isso, pois, se está dando certo, então, *é a vontade de Deus.* Portanto não precisa proclamar os ensinamentos verdadeiros do Evangelho se vão atrapalhar o sucesso. O pragmatismo está em alta, o compromisso com a verdade bíblica é negligenciado como sendo uma fraca estratégia *de mercado*. Atrapalha. Assim religião que não é prática de fato interfere e deve ser descartada ou *silenciada.* O secularismo como princípio diz "não" a Deus e *sim ao deus de dinheiro.* "Mamon" é um termo derivado da Bíblia, usado para descrever riqueza material, cobiça e ganância, que significa literalmente "dinheiro". Ele representa o pecado de ganância ou avareza. E Jesus fez uma severa advertência quanto a isso: *Ninguém pode servir a dois senhores; porque ou há de aborrecer-se de um e amar ao outro, ou se devotará a um e desprezará ao outro. Não podeis servir a Deus e às riquezas* (Mt 6,24).

No texto grego, "riquezas" é uma tradução da palavra "Mamon", que era considerado o "deus das riquezas" e, sem sombra de dúvida, o maior rival do Deus verdadeiro em nossos tempos modernos. É a grande tentação moderna que afasta muitos de Deus. Infelizmente, esse desejo tem feito parte da vida de muitos cristãos. Eles têm sido contaminados pelo desejo de possuir até o desnecessário, de possuir mais e mais sem a necessidade de pensar nos outros. O Deus da Bíblia fica em segundo plano na vida de muitos, porque seus olhos estão voltados constantemente para o dinheiro. E no processo há desprezo cada vez mais dos pobres sem nenhum compromisso com eles. Cria-se um fechamento triste de corações.

No Brasil, na Igreja Católica, há sinais de secularização acontecendo, e sacerdotes e fiéis enxergam a casa de Deus se esvaziar ano após ano. Ir à missa sempre foi considerado uma obrigação, a atividade mais importante do fim de semana, um sinal de fidelidade à prática de religiosidade. As igrejas enchiam várias vezes no mesmo dia. Agora, há uma diminuição visível da frequência à missa nos domingos, especialmente entre a juventude e jovens casais.

Há outro fato assustador. No Brasil, um respeitado instituto nacional de pesquisa, a *Fundação Getúlio Vargas*, publicou um novo estudo que sugere que o secularismo, definido nesse caso como "o ato de relativizar a fé e as práticas religiosas", está fazendo rápidas incursões *entre os jovens brasileiros.* Com base em 200 mil entrevistas realizadas para o censo do Brasil em 2010, o estudo conclui que a parcela católica da população brasileira caiu para somente 68%, seu nível mais baixo desde que os dados começaram a ser coletados em 1872. Tudo isso em parte por causa do elevado percentual de jovens que *negam ter qualquer filiação religiosa.* O Brasil começa a viver o mesmo processo de secularização ocorrido na Europa. Que história triste!

Associamos a *descatolização* ao triunfo de consumismo, materialismo e de hedonismo, que valorizam dinheiro e prazer como seus "novos deuses". Portanto não existe um tempo honesto para a prática de religião. Ainda restam fortes traços católicos, mas para dizer que o Brasil ainda é um *país católico praticante* seria justamente questionado. Batizados sim, mas praticantes é outra coisa. A religião incomoda e foi exatamente por isso que o próprio Cristo foi crucificado. Seus ensinamentos incomodaram os sacerdotes, fariseus e políticos de seu tempo. Os católicos e cristãos que realmente praticam religião e a moralidade incomodam e devem ser evitados para deixar as consciências de não praticantes tranquilas.

Na mente de muitos católicos, a Igreja ficou secundária, e o secular tomou conta do primeiro lugar. Podemos confirmar aqui no Brasil que não houve um declínio de religiosidade em si. Mas dados de pesquisas mostram que as pessoas têm buscado formas alternativas para viver sua própria religiosidade em vez das religiões tradicionais (Nova Era, religiões orientais, religião da "prosperidade" que promete para seus seguidores um sucesso financeiro etc.).

Nova Era – há sinais de uma nova religiosidade no mundo que está reagindo contra o secularismo, mas cujos princípios nem sempre combinam com os valores do evangelho. A Nova Era é um movimento que se espalhou pelas comunidades religiosas ocultas e metafísicas nas décadas de 1970 e 1980. Essas comunidades aguardavam ansiosamente uma *Nova Era* de amor e luz e de transformação e cura pessoal. Os defensores mais fortes do movimento foram seguidores do esoterismo moderno, uma perspectiva religiosa baseada na aquisição de conhecimento místico na forma de gnosticismo. Existe um segundo lugar dado ao evangelho e, especialmente, aos sacramentos. Cristo, sim, mas sem compromisso com seus ensinamentos, sobretudo um sério compromisso de amor ao próximo. Sentir-se bem é a regra aqui nessa nova "religião".

A televisão e a internet têm se revelado poderosos instrumentos de evangelização das massas no mundo pós-moderno e cristão. Mas muitos cristãos perderam a capacidade de rezar intimamente com Deus, passando apenas a assimilar o que veem na internet ou na televisão que, quase sempre, apresentam *coisas muito superficiais* sem a necessidade de conversão e, pior, sem compromisso com o próximo. Podemos chamar essa realidade de *fé intimista*. Influenciados por esse modo, muitos cristãos deixaram de lado a leitura da Palavra de Deus e a meditação diária para não poderem ser guiados ou incomodados por elas. Cada vez mais Deus é uma Pessoa desconhecida e distante. Perdeu-se "o fogo do primeiro amor" (Ap 2,4).

É muito triste constatar a realidade de que um grande número de cristãos entrou e vive os princípios da secularização e assim tem dado enorme valor às coisas do mundo, em detrimento das coisas de Deus e da eternidade. São Paulo disse: *não sejam seduzidos pelo mundo* (Rm 12,2).

O problema não é só de hoje. A partir do século XIX, já houve um progressivo declínio da influência das instituições religiosas tradicionais. Isso se verificou tanto na prática dos fiéis, como na dificuldade crescente de recrutar vocações sacerdotais e religiosas para o desenvolvimento e a manutenção das obras apostólicas e caridosas na Igreja. Existe sim uma evidente *crise de vocações* na Igreja, no mundo e no Brasil, em particular. A religião costumava desempenhar um papel mais importante na vida das pessoas. Agora há um declínio em sua importância. Como explicar esse declínio? A explicação é complicada. Um fator, pelo menos nos países desenvolvidos, pode ser o aumento do prestígio da ciência e a predominância da crescente visão materialista do mundo. Ciência explica tudo, portanto não precisa mais de religião. Não precisa mais de Deus. A ciência agora é o novo *deus*.

Outro fator pode ser a falta de importância e o enfraquecimento da vida familiar e das tradições sociais em geral. A imagem de família sofreu muito no crescimento do secularismo por meio dos sinais tristes e cada vez mais frequentes de divórcio, separação e violência doméstica.

De fato, como confirma um relatório recente da revista *National Geografic*, a mais nova religião do mundo é o mundo *SEM RELIGIÃO.* Na Europa, nos países como França, Alemanha, Holanda e Inglaterra (tradicionalmente cristãs), o avanço da secularização e o aumento da *indiferença religiosa* provocaram o fechamento de centenas de Igrejas. Algumas foram vendidas e hoje abrigam lojas, escolas e restaurantes. Alguns templos foram convertidos em livrarias. Na Escócia, uma igreja luterana virou um bar. Eis o grau da indiferença religiosa.

Pela primeira vez na história norueguesa, há mais *ateus e agnósticos* do que crentes em Deus. O agnosticismo seria a visão filosófica de que a veracidade de certas crenças é desconhecida ou incognoscível. Para um agnóstico, a razão humana é *incapaz* de prover fundamentos racionais suficientes para justificar tanto a afirmação de que uma divindade existe quanto a afirmação de que uma divindade não existe. Em poucas palavras, não se pode conhecer Deus, portanto por que praticar uma religião estabelecida?

Na Holanda, 70% não são afiliados a nenhuma religião, e, aproximadamente, 700 igrejas protestantes e mais de 1.000 igrejas católicas podem ser fechadas dentro dos próximos anos em todo o país devido à baixa participação.

Nos Estados Unidos, entre 23% e 28% dos adultos americanos não têm nenhuma afiliação religiosa. E, em nossa América do Sul, os que não praticam nenhuma religião são: 7% no México, *8% no Brasil;* 11% na Argentina; 12% em El Salvador; 16% no Chile; 18% na República Dominicana; e 37% no Uruguai. Fatos assustadores. São as mais altas taxas de secularização latino-americana já registradas na história.

Agora precisamos desmistificar a promessa de "salvação" por meio da razão e da ciência sem Deus e sem religião. Claro que não podemos dizer que não houve muitos avanços com a predominância da ciência e de secularização, pois seria omisso dizer isso. Mas precisamos igualmente reconhecer e desmistificar o "mito de progresso". O mundo em muitas instâncias piorou mais do que melhorou.

O homem moderno aprendeu com amargura que a felicidade sobre a terra não depende mais do progresso científico nem do desenvolvimento tecnológico. Fomos enganados pela propaganda. As grandes promessas de felicidade semeadas pelo iluminismo e secularismo não se cumpriram. O mundo continua coberto de sofrimentos, crueldades, conflitos e guerras como no passado. O prometido mundo feliz sem Deus fracassou em muitos aspectos. A sociedade do "bem--estar" sente-se cada vez mais questionada pelos excluídos e miseráveis a seu redor.

A grande mentira que ninguém quer admitir

O Iluminismo, a pós-modernidade e o secularismo prometeram que finalmente sem Deus ou religião nós criaríamos um mundo sem problemas, sem sofrimentos. A ciência iria resolver tudo. Não haveria mais desigualdades na sociedade e no mundo. E eis alguns fatos de nosso mundo depois do secularismo e de um mundo sem Deus e sem religião.

Fome e Desnutrição

1 – *Cerca de seis milhões de crianças morrem a cada ano* pela fraqueza de seu sistema imunológico, causada pela fome e desnutrição. E nossos celeiros estão cheios, cada ano, gabando-se de que quebraram recordes! Onde está a promessa de que tudo estaria resolvido em nossa sociedade com a secularização? Onde está esse mundo sem problemas? E muitos querem culpar Deus, dizendo: "Deus quis". Essa frase precisa ser reavaliada pela ganância do mundo secularizado sem Deus. O homem adora o dinheiro com celeiros cheios e opta por não olhar para as crianças morrendo de fome. Não existe mais a partilha de bens. A ganância predomina. E o Deus, que negaram existir, agora é o bode expiatório.

2 – Todos os dias, mais de *850 milhões de pessoas vão se deitar com fome;* entre elas, 300 milhões são crianças. A cada cinco segundos, uma criança morre de fome no mundo. Tente imaginar essa verdade (Pesquisa das Nações Unidas).

3 – Faz mais de 25 anos que a desnutrição mata *idosos no Brasil.* Pelo menos cinco mil pessoas no Brasil, com mais de 60 anos de idade, morreram de fome em 2016.

4 – No Brasil, cerca de 4 milhões de crianças trabalham no meio rural, e somente 29% delas recebem renumeração. Entre as crianças de cinco e nove anos, somente 7% recebem remuneração e um grande número não tem acesso à educação. Existe sim, aqui no Brasil, a *escravidão infantil*.

5 – Hoje, nos Estados Unidos, os 400 mais ricos possuem mais do que 64% da população total, isto é, 204 milhões de pessoas. Mais de 40 milhões de americanos vivem abaixo do nível de pobreza em um país que mais prega o valor de secularização e o mito de prosperidade.

Em resumo: o mundo não quer apreciar e viver o direito natural ao valor e à dignidade de cada pessoa apesar de sua fortuna ou posição política. As leis ou os privilégios que fazem dano aos pobres são uma violação de seus direitos e de seu valor na sociedade. Todos merecem viver com dignidade com todas as necessidades normais de vida. Isso é diariamente negado aos necessitados do mundo pela ganância, que foi acelerada pelo secularismo. E esses males não existem somente nos países de primeiro mundo, mas também nos de terceiro mundo.

Um efeito dessa mentalidade está no modo pelo qual alguns cientistas estão sendo encorajados a priorizarem a aquisição de conhecimento técnico, em detrimento do bem-estar e, até mesmo, da vida de seres humanos. Segundo o então Cardeal Ratzinger (nosso Papa aposentado), o homem não é mais visto como um dom do Criador, mas como um produto que é feito *e que qualquer um pode "fazer" e de que também pode se "desfazer"* dele. O homem tornou-se objeto e não mais em filho de Deus. Perdeu sua dignidade humana de filho de Deus. Sem Deus e sem dignidade humana, as consequências são terríveis.

Será que essa onda de secularização continuará a aumentar sobre o planeta terra? É difícil dizer com certeza, mas parece que vai continuar sem uma profunda volta para assumir os essenciais de religiosidade de qualquer fé. Precisamos muito de profetas do reino, sacerdotes, religiosos e leigos para darem ao mundo outra opção de vida com a vivência profética de religião. Há necessidade de uma opção em favor da prática da religião – fé na presença de Deus –, de uma moralidade que toca em tudo, incluindo a ciência. Em poucas palavras, precisamos reafirmar uma sociedade com base na *espiritualidade.*

Os pais, por meio de palavras e, mais importante, de exemplo, precisam ensinar nossa fé a seus filhos. O bom exemplo dos pais é a melhor maneira e o segredo de sucesso na catequese que os filhos recebem.

Não devemos desanimar se a religião que professamos não é popular, ou se as multidões não estão interessadas nela, porque o arrependimento, a conversão, a fé em Cristo e a santidade na vida nunca "foram da moda".

Diante de tantos desvios dos ensinamentos de Jesus, precisamos ter a coragem de escolher o *caminho estreito.* Isso exige muita coragem de caminhar contra o que destrói a fraternidade. Esse caminho é a busca individual e comunitária da vontade de Deus Pai, que, apesar de tudo, está sempre conosco

– sempre no meio de tudo. O caminho estreito significa fé e compromisso com a humanidade.

De uma maneira ou de outra, temos de conquistar nossa juventude neste mundo secularizado, para acolher as outras opções apresentadas no evangelho. Sobretudo, precisamos ensinar que, apesar de toda a propaganda nos meios sociais, a busca de riqueza não é uma resposta evangélica. O dinheiro e a ciência não resolvem tudo e, de fato, viciam a pessoa a se fechar em si mesma, sem viver o grande mandamento da caridade em que somos questionados a olhar para os que sofrem no mundo. *Jesus olhou ao redor e disse a seus discípulos: "Como é difícil aos ricos entrar no Reino de Deus! Os discípulos ficaram admirados com essas palavras. Mas Jesus repetiu: "Filhos, como é difícil um rico entrar no Reino de Deus!"* (Mc 10,23-24).

Bom exemplo, fraternidade, eliminação dos sinais de fratricídio e a prática diária de alguma espiritualidade são um bom começo para impedir o crescimento negativo de secularização na Igreja e no mundo.

II ESPIRITUALIDADE

Nós, cristãos, precisamos nos confrontar com o crescimento negativo do secularismo. Temos, em toda a história do cristianismo, exemplos de cristãos corajosos que enfrentaram até reis e poderosos para lutarem, a fim de defenderem nossa fé e moralidade. Eles usaram meios e ferramentas para animar essa luta essencial. Nos próximos subtítulos, vamos examinar esses meios e, com coragem, entrar na luta contra os males do secularismo. Os meios são: espiritualidade; três dinâmicas espirituais; discernimento e *Lectio Divina* da Palavra de Deus.

Espiritualidade – caminho para intimidade com Deus

É impossível viver e sustentar uma vida cristã sem praticar algum tipo de espiritualidade. A finalidade de toda espiritualidade é *facilitar uma experiência de Deus e de seu amor em nossa vida*. É um encontro amoroso entre o "meu eu e o tu de Deus" (Martin Buber). A espiritualidade é um processo em que descobrimos um Deus pessoal nos amando e nós querendo amá-lo em resposta e que precisa desembocar necessariamente no amor ao próximo. *Ela fala de amor mútuo*. É o caminho para fazer uma aliança de amor entre Deus e nós. É uma aventura de amor que começou no sacramento do Batismo.

A espiritualidade autêntica sempre termina na prática de caridade porque encontramos em Deus seu Amor. *Deus é amor.* Nenhuma espiritualidade seria autêntica, se não saíssemos de nós para servirmos, porque descobrimos que Deus é assim. *Quem não ama não conhece a Deus, porque Deus é amor (1Jo 4,8).*

Falamos aqui de espiritualidade de *qualidade,* e não de *quantidade.* Não é uma questão de *quanto* eu rezo, mas *como* eu rezo. Ela começa quando experimentamos Deus como uma *PESSOA,* que nos ama *sem condições*. Como é difícil para o homem moderno acreditar que o amor de Deus a nós é graça. Tudo começa no reconhecimento de seu amor em nossa vida concreta. A espiritualidade, então, exige todo um processo de purificação das imagens falsas de Deus, que herdamos, durante a história de nossa vida, das orientações distorcidas de Deus que aprendemos no ambiente de nossa família, com nossas catequistas e até com certos pregadores da palavra de Deus. Formamos então *preconceitos de Deus* e exigimos que Ele exista segundo eles. Julgamos e concluímos que Deus é assim e, de repente, Ele entra em nossa vida para dizer: *Eu não sou assim.* Isso é um momento chave de conversão em nossa espiritualidade. Assim começa o processo de purificação para podermos acolhê-lo como Ele se revela a nós na oração, na liturgia, na Bíblia, nas pessoas e nos acontecimentos de vida. Deus fala a nós carinhosamente de mil maneiras. Conversão significa que somos nós que precisamos mudar e iniciar esse processo de *intimidade mútua.* Uma finalidade de toda espiritualidade é facilitar a purificação de nossas falsas imagens de Deus para podermos acolher e incentivar uma experiência do amor de Deus, porque sem experiência do amor de Deus não há *fé*, e sem fé não há espiritualidade nem a possibilidade de uma experiência de intimidade mútua. Sem fé não entramos além da "cortina no templo" para nos encontrar com o "Santo dos Santos". E, finalmente, uma verdadeira espiritualidade e experiência de Deus devem nos conduzir para algum tipo de compromisso com a humanidade. O processo é um encontro com o ser e o agir verdadeiros de Deus; assim Ele nos chama a viver *como Ele.* Ele revela seu desejo intenso para salvar por amor toda a humanidade e nos convida a participarmos com Ele no cumprimento desse desejo. Na espiritualidade autêntica, tudo termina em algum compromisso com a humanidade para cumprir o plano salvífico de Deus. Ela não é intimista, isto é, não é só fechada em nós mesmos e em nossas necessidades. Ela exige compromisso com a humanidade. Fala de rostos concretos em necessidade de nosso sair de nós mesmos para servi-los. A espiritualidade intimista não nos permite encontrar o verdadeiro Jesus, que lavou os pés de seus amigos. O Criador lavou os pés de suas criaturas. Deus servo de amor.

Há dois conceitos que tocam em nossa vida batismal, que nos chamam a viver a espiritualidade, que formam uma unidade e é impossível viver um sem o outro. Eles formam uma unidade:

1. Vida Espiritual – é a busca de uma experiência de Deus, finalidade de toda e qualquer espiritualidade. É a busca para *conhecer e experimentar* sua pessoa. Para um batizado é impossível viver sua parte da aliança do batismo sem praticar alguma espiritualidade ou alguma experiência do amor de Deus.

O grande erro em nossa formação espiritual foi a tentativa de limitar a vida espiritual e a experiência do amor de Deus para o que podemos chamar de "exercícios espirituais", como a oração, a eucaristia, a reza do terço etc., pois a vida espiritual deve formar uma totalidade que inclui tudo que somos e fazemos. *Não podemos separar o espiritual do profano e vice-versa.* Podemos e devemos experimentar Deus *o dia todo*; ele que é o fim e o ideal de qualquer espiritualidade. Tal projeto exige uma integração de todas as nossas experiências de Deus, *que está em tudo*. O problema começa com nossa *insensibilidade* para captar essa presença de Deus em qualquer momento do dia. Deus está no Sagrado, mas também em tudo no mundo profano.

A espiritualidade é acordar nossa insensibilidade para enxergar Deus em tudo e em todos, o dia todo. É acolher a presença de Deus na natureza, em nós mesmos, nas outras pessoas, nas circunstâncias de vida e, finalmente, em sua aparente *ausência* nas coisas difíceis por que passamos. Deus está em tudo. *Não sabeis que sois templos de Deus, e que o Espírito de Deus habita em vós?* (1Cor 3,16). Deus está conosco 24 horas por dia. A espiritualidade nos ajuda a quebrar nossa insensibilidade para enxergar Deus até nas coisas difíceis da vida. Com paciência e no silêncio do coração, podemos experimentar o amor de Deus até em sua aparente ausência nas coisas tão desumanas que, às vezes, nos cercam. Somente os momentos de silêncio e de oração podem nos ajudar a perceber que "*Deus está aqui e agora e Ele nos ama*".

2. Vida Consagrada Batismal – foi e deve ser uma fascinação pela pessoa de Deus e o desejo de viver com fidelidade nossa parte da aliança do batismo, que é a prática do amor a Deus e ao próximo, em uma forma mais intensa. Fomos ungidos com o santo óleo do crisma (o óleo que consagra) no dia de nosso batismo. Sem espiritualidade é impossível viver essa consagração batismal. Parece que é óbvia essa *constatação*, mas é exatamente por isso que muitos cristãos perdem seu *primeiro amor.*

O Sacramento do Batismo

Nascemos todos com a herança de nossos pais, Adão e Eva, que optaram por quebrar a aliança de amor com seu Criador, Deus Pai. E o resultado foi um estado de separação entre o Criador e suas amadas criaturas. Todos nós nascemos nesse estado de separação. Mas o Pai, o ofendido, teve *compaixão* de suas criaturas e tomou a iniciativa de curar isso. Deus veio a nós em nossa fraqueza de pecado e de não redenção, amou-nos – salvou-nos – libertou-nos. *FOI GRAÇA* – não podemos merecer ou comprar essa bondade e salvação. Ele nos salvou graças ao sangue de seu Filho na cruz.

O Pai fez com cada um de nós uma aliança de amor no dia de nosso batismo, a qual significa direitos e obrigações dos dois lados.

O que Ele nos prometeu? Que sempre seria nosso Deus fiel, que nós seríamos sempre seus filhos amados, como santos e até como pecadores (parábola do filho pródigo) e, finalmente, nos ofereceu o dom da salvação pelo sangue de seu Filho na cruz. Ele soprou sobre nós seu Espírito Santo, que fez sua morada em nós e não nos abandona. E pediu a nós que confiemos em seu amor e em seu dom de salvação por meio de nossa obediência a sua vontade. A aliança foi selada pelo sangue do cordeiro imolado, aspergido sobre nós no batismo. Foi selada quando o Espírito Santo desceu e fez seu santuário dentro de nós. O Pai prometeu nos dar todas as graças necessárias para chegar até a vida eterna, em sua casa. Até prometeu seu perdão diante de nossos pecados graças às chagas de seu Filho na cruz. Foi uma aliança de amor mútuo.

Por isso o Pai nos chamou para a intimidade original destruída pela desconfiança e pela desobediência de Adão e Eva. Deus quis falar conosco *face a face* como fez com Adão e Eva no jardim antes do pecado original (símbolo da oração de contemplação). Deus quis um relacionamento de intimidade com seus consagrados pelo batismo.

Nós prometemos viver os dois grandes mandamentos de Deus Pai, que Cristo nos ensinou, isto é, amar a Deus *de todo o nosso coração e amar ao próximo*. Prometemos buscar uma vida de intimidade com Deus (oração – liturgia, culto e adoração). Prometemos observar esse amor por meio dos dez mandamentos, que falam de amor e não de lei nem obrigação. Os primeiros três mandamentos falam de nosso amor a Deus. Os outros sete mandamentos falam de nosso amor ao próximo. Mas o importante é nossa motivação na observância dos mandamentos – sempre devem ser motivados pelo amor e não pelo medo. Prometemos viver em comunidade motivados pelo amor, pela partilha e pelo perdão porque descobrimos que a Trindade vive assim. Prometemos ser sinais proféticos do amor de Deus nessa sociedade secular por meio de nosso amor, nossa fé, fraternidade e moralidade cristã. Prometemos ser profetas vivendo como sinais vivos do amor de Deus. Prometemos viver na intimidade com Deus por meio de uma vida espiritual.

Por causa da secularização, muitos cristãos vivem sem espiritualidade, sem uma experiência do amor de Deus em sua vida, sem buscá-lo e amá-lo como sua resposta de amor, sem viver nossa parte da aliança do batismo. A secularização causou um grande vazio porque perdemos o sentido e a finalidade de nossa vida consagrada batismal, isto é, *pelo batismo nós pertencemos a Deus e Deus a nós.* É uma aliança de amor. É amor mútuo. Como diria o profeta Oseias, espiritualidade é um processo de *namoro com Deus.*

> "Naquele dia", declara o Senhor, "você me chamará 'meu marido'; não me chamará mais 'meu senhor'" (Os 2,16).

E o profeta Isaías descreveria o processo de espiritualidade assim:

> Mas agora assim diz o Senhor, aquele que o criou, ó Jacó, aquele que o formou, ó Israel: "Não temas, pois eu o resgatei; eu o chamei pelo nome; você é meu. Pois eu sou o Senhor, seu Deus, o Santo de Israel, seu Salvador; dou o Egito como resgate para livrá-lo, a Etiópia e Sebá em troca de você. Visto que você é precioso e honrado à minha vista, e porque eu o amo, darei homens em seu lugar, e nações em troca de sua vida. Não tenha medo, pois eu estou com você... (Is 43,1-6).

Por causa da secularização e da falta de espiritualidade, podemos ouvir a voz de Cristo dizendo:

> Conheço suas obras, seu trabalho árduo e sua perseverança. Sei que você não pode tolerar homens maus, que pôs à prova os que dizem ser apóstolos, mas não são, e descobriu que eles eram impostores. Você tem perseverado e suportado sofrimentos por causa de meu nome e não tem desfalecido. Mas contra você, porém, tenho isto: você abandonou seu primeiro amor. (Ap 2,2-4).

Por isso a espiritualidade é o grande meio para superar todos os efeitos negativos da secularização e nos anima a viver mais plenamente nossa aliança batismal.

Espiritualidade – o que é?

Toda espiritualidade é um processo de encantamento ou de *namoro*:

> Portanto, agora vou atraí-la; vou levá-la para o deserto e falar-lhe com carinho (Os 2,14).

E Santo Afonso a descreveu assim: *uma conversa amigável entre duas pessoas apaixonadas.*

A espiritualidade é um processo que fala da intimidade entre Deus, o amante, e seu amado consagrado pelo batismo. É um processo de graça, no qual Deus toma a iniciativa porque Ele quer nos amar concretamente na vida. O amor de Deus não é teoria, não é uma crença morta. É vida que acontece em cada momento de nossa vida. Contra a colocação do secularismo, Deus não está morto! A escolha e a iniciativa nesse processo de espiritualidade e intimidade vêm de Deus. Ele nos amou primeiro. Nunca podemos nos esquecer disso. E Deus é fiel em seu amor até no meio de nossas infidelidades. "*Nós amamos porque Ele nos amou primeiro* (1Jo 4,19).

Essa regra é importante para tirar qualquer conceito de *mérito*, ou a possibilidade de querer manipular Deus ou de usar chantagem emocional para ganhar sua graça e seu amor. A pós-modernidade e o secularismo valorizam somente o que podemos e devemos merecer e produzir. Essa palavra *merecer* não existe no coração de Deus nem na espiritualidade cristã. *O amor de Deus a nós pessoa é graça!* Esse processo de "namoro" somente pode acontecer quando descobrimos na contemplação que nosso Deus é uma *pessoa amorosa.* Deus não é uma ideia, nem uma filosofia, nem uma teologia impessoal. E, sendo uma pessoa, podemos entrar em profundo diálogo e relacionamento com Ele. Deus Pai, Jesus Encarnado e o Espírito Santo querem diálogo amoroso com seus consagrados. Só a fé faz esse encontro possível. Podemos amar esse Deus e ser amados por Ele.

Mas esse processo espiritual de intimidade, diálogo e relacionamento amoroso não acontece automaticamente, nem por meio de formulários mágicos em que tentamos controlar ou manipular Deus segundo nossos caprichos. O processo exige disciplina, tempo de *qualidade*, quando os dois "amantes" precisam estar juntos em diálogo profundo, quando os dois "EU e TU" podem ter tempo para amar e serem amados. São dois lados - nós amando a Deus e deixando espaço para que Ele possa nos amar.

E o único meio para conseguir essa finalidade é pela disciplina de alguma espiritualidade. Sem alguma disciplina, a espiritualidade simplesmente não acontece. Sem espiritualidade, o amor mútuo entre Deus e seu batizado não acontece. A espiritualidade, portanto, não pode ser reduzida às coisas puramente espirituais, ou somente a "lugares sagrados" (Igreja ou capelas). Podemos entrar em contato com o Divino amante e experimentar seu amor *em qualquer momento do dia ou em qualquer lugar ou circunstância. "Vocês não sabem que são santuário de Deus e que o Espírito de Deus habita em vocês"* (1Cor 3,1). Podemos nos encontrar com Deus na casa, na rua, no ônibus, no mercado. O amor e a presença de Deus podem estar em nossa vida a qualquer momento do dia ou da noite. Por isso um exercício de vigilância é necessário para ficarmos sensíveis para captarmos sua presença e seu convite e entrarmos em comunhão com Ele e Ele conosco.

Espiritualidade de baixo para cima

A maioria de nós foi ensinada a viver uma espiritualidade *de cima para baixo*, que frisou demais a necessidade de sermos sempre perfeitos e sem nenhum pecado para podermos ter comunhão profunda com Deus. A meta e ênfase, portanto, foram nossa perfeição e não tanto a comunhão amorosa com Deus. A imperfeição e, mais ainda, o pecado fecharam a porta de entrada para ter intimidade com Deus. Deus somente aceitou os "perfeitos". Essa foi, infelizmente, a atitude dos Fariseus e Sacerdotes no Novo Testamento que Cristo criticou fortemente buscando a conversão deles:

> Assim vocês anulam a palavra de Deus por causa da tradição de vocês. Hipócritas! Bem profetizou Isaías acerca de vocês dizendo: 'Este povo me honra com os lábios, mas seu coração está longe de mim. Em vão me adoram; seus ensinamentos não passam de regras ensinadas por homens"(Mt 15,6-9).

Mas Jesus nos demonstrou o oposto, por isso ele foi tão criticado pelos Fariseus e Sacerdotes. Só eles, os "perfeitos", poderiam ter acesso a Deus. O resto foi mais ou menos feito de cidadãos secundários nos olhos de Deus e rejeitados por um Deus severo e sem misericórdia. E Jesus ensinou que isso foi totalmente errado. Não representou seu e nosso Pai. Jesus foi diferente e nunca se afastou dos pecadores. Sua parábola sobre a ovelha perdida, sua ação misericordiosa diante da mulher pega em adultério e muitos outros sinais no Evangelho provaram que até a falta de perfeição e o pecado não foram um obstáculo para buscar comunhão com Deus Pai, por Cristo no Espírito Santo. A imperfeição e os pecados assumidos são até impulsos para buscar a espiritualidade e a comunhão com Deus.

Redescobrimos dos monges antigos uma nova visão da espiritualidade: *de baixo para cima.*

> A espiritualidade de baixo significa que nós buscamos a Deus exatamente em nossa realidade humana, paixões, em nossas enfermidades, em nossas feridas, em nossa impotência. Deus está lá.[1]

É dialogar com nossas paixões, nossos pecados e nossas enfermidades com e diante de Deus. É interrogar o que é que Deus deseja nos dizer por meio deles, descobrir que, por meio dessas imperfeições, Deus quer nos conduzir ao tesouro de graça, misericórdia e comunhão. *Só podemos encontrar o tesouro dentro de nós, se descermos ao fundo de nossa torre* (Anselmo Grün, *op. cit.*).

Pelas orientações de espiritualidade *de cima para baixo* nós buscávamos voar para cima sem querer entrar em contato com nosso verdadeiro "eu". Mas é esse "eu", imperfeito e limitado, que Deus vê e ama. O caminho para achar o tesouro é viver a espiritualidade de baixo para cima. Não precisamos esconder nossas fragilidades nem nossos pecados quando buscamos

[1] Cf. O livro de Anselmo Grün, *Espiritualidade a partir de si mesmo.*

ficar em comunhão amorosa com Deus, que nos acolhe em toda nossa realidade – santo e pecador.

> Estando Jesus em casa (de Levi), foram comer com ele seus discípulos, muitos publicanos e pecadores (Mt 9,10).
>
> Quando os mestres da lei, que eram fariseus, o viram comendo com pecadores e publicanos, perguntaram aos discípulos de Jesus: "Por que ele come com publicanos e pecadores? (Mc 2,16).

Quando começamos a acreditar e viver essa espiritualidade de baixo para cima e acolhemos nossa própria incapacidade de sermos perfeitos, tentando merecer o amor de Deus, finalmente podemos fazer o salto para entender o segredo de comunhão com Deus, contido nas palavras *a graça de Deus*. Não podemos merecer o amor de Deus. Ele que quer essa comunhão de amor conosco. A espiritualidade é sermos lançados inteiramente nos braços amorosos e santificadores de Deus. É graça. É dom. São sempre o amor e a misericórdia de Deus no centro de toda a oração e de qualquer espiritualidade.

Ela nos ajuda a perceber, com alegria evangélica, que, usando nossas próprias forças, não podemos salvar a nós mesmos. E é lá (embaixo) que podemos finalmente iniciar um relacionamento pessoal com Deus, entender o sentido da graça de Deus, onde e quando experimentamos nossa total fraqueza; aí Deus quer nos tocar e nos mostrar que seu amor é graça. Essa espiritualidade tocou profundamente na vida do convertido Fariseu, São Paulo. Eis seu ensinamento e sua experiência sobre a espiritualidade de "baixo para cima".

> Por isso, por amor de Cristo, regozijo-me nas fraquezas, nos insultos, nas necessidades, nas perseguições, nas angústias. Pois, quando sou fraco, é que sou forte (2Cor, 12,10).

> Sabemos que a Lei é espiritual, mas eu sou humano e fraco, vendido como escravo ao pecado. Não consigo entender nem mesmo o que faço; pois não faço aquilo que eu quero, mas aquilo que mais detesto... Assim, encontro em mim esta lei: querendo fazer o bem, acabo encontrando o mal. Em meu íntimo, eu amo a lei de Deus, mas percebo em meus membros outra lei que luta contra a lei de minha razão e que me torna escravo da lei do pecado que está nos meus membros. Infeliz de mim! Quem me libertará deste corpo de morte? Sejam dadas graças a Deus por meio de Jesus Cristo, nosso Senhor! (Rm 7,14-25).

A imagem da "porta"

Todos nós temos partes de nós bem guardadas em segredo, das quais sentimos vergonha, medo, desgosto, rejeição e feridas nunca resolvidas do passado. Diante de Deus, com a "espiritualidade de cima", tentamos <u>*esconder dele*</u> essas nossas realidades. E isso serve como bloqueio e não conseguimos intimidade com Ele. Isso é nosso "falso eu" que tentamos apresentar a Deus, escondendo dele o que realmente existe. E nunca vamos ter intimidade com Ele apresentando-lhe nosso "falso eu". Deus não pode amar um "falso eu". Ele acolhe nossa totalidade como Ele nos vê. E, incrível, ainda nos ama sem condições, mesmo com nossas fragilidades. Como é difícil acolher e viver com alegria essas verdades ensinadas e vividas por Cristo. Deus nos ama como somos.

A espiritualidade de baixo para cima é *abrir* nossa porta fechada (nosso falso "eu") e convidar Deus para entrar nas áreas que tentamos esconder, a fim de Ele acolher nosso *verdadeiro "eu"*, para nos amar, consolar, curar e sarar. Deus nunca muda diante de nossas misérias e nossos pecados. *Deus é amor.* Ele não julga, mas vê nosso verdadeiro "eu". E somente nós podemos abrir a porta de nosso "verdadeiro eu", pois Ele nunca usa violência. Ele bate na porta e espera que a abramos e o convidemos a entrar sem nossas máscaras e sem nossas defesas. Abrir a porta que revela nossas coisas boas e difíceis e até pecados é o começo de viver uma verdadeira espiritualidade e um verdadeiro caminho para intimidade mútua.

> Eis que estou à porta e bato. Se alguém ouvir minha voz e abrir a porta, entrarei e cearei com ele, e ele comigo (Ap 3,20).

A espiritualidade é determinar, viver meios, para poder facilitar a experiência do amor incondicional de Deus, e exige:

1 – **Disciplina** para fornecer e buscar momentos de silêncio, facilitar momentos de oração e aumentar "nossa sede de Deus". Sem silêncio é quase impossível o encontro de dois corações.

2 – **Constância** é uma necessidade de encontro de amor mútuo, não de vez em quando, mas diariamente. Nosso "Eu" precisa promover a união com o "TU" de Deus. O amor mútuo precisa de encontros para se desenvolver e crescer. Sem constância, não existe a realidade de intimidade mútua. O amor mútuo simplesmente não acontece.

3 - Mudança de velhos métodos de espiritualidade para acolher novos meios como a espiritualidade de *baixo para cima.* É a coragem para largar práticas que não servem mais em nossa espiritualidade acolhendo novos meios para facilitar o relacionamento com Deus e com nosso próximo.

A espiritualidade então é qualquer meio que nos faz sensíveis para captar a presença amorosa e libertadora de Deus em nossa vida. É a disciplina para tornar-se sensível para captar essa presença amorosa de Deus, esteja Ele no sagrado ou no profano. É *curtir e acolher* a presença salvadora de Deus, *responder* a essa presença amorosa com nosso amor que, muitas vezes, exige uma conversão no mesmo ser e no mesmo agir do Amante Divino, que descobrimos na intimidade com Deus. Qualquer sinal do amor de Deus em nossa vida exige uma resposta de amor de nossa parte. *A conversão é uma resposta de amor a Deus, que nos amou primeiro.*

A espiritualidade começa quando experimentamos Deus como uma *PESSOA*, que nos ama e com quem podemos ter um relacionamento de amor. A espiritualidade é promover um relacionamento distinto com cada pessoa da Trindade, que nos ama em maneiras diferentes. Portanto o relacionamento é diferente com cada Pessoa. É uma experiência única.

O povo judeu, nas escritas do Antigo Testamento, experimentou Deus Pai criando cinco adjetivos para descrever sua Pessoa, sua identidade e sua ação entre seu povo. A espiritualidade é deixar espaço não somente para conhecer, mas fornecer espaço para que *Deus possa ser essas características conosco.*

Deus Pai

1 – *Misericordioso*: foi sua maior característica diante de um povo infiel à observância da aliança de amor, que Deus fez após sua libertação da escravidão no Egito. Deus sempre é assim com seu povo pecador que quebrou a aliança do amor mútuo. Deus nunca muda.

2 – *Gracioso*: o Pai é doador de si mesmo. Ele sempre partilha com seu povo sua graça e seu amor. Ele criou o universo e criou cada um de nós por amor.

Eu a amei com amor eterno; com amor legal a atraí (Jr 31,3).

3 – *Fiel:* o Pai sempre cumpriu as promessas das várias alianças que fez com seu povo escolhido, renovando seu amor fiel várias vezes na história de Israel depois da infidelidade do povo.

4 – *Perdoante*: diante de infidelidade do povo, especialmente do pecado de abandonar Javé para adorar os deuses falsos, Deus Pai sempre acolheu seu povo infiel em sua fraqueza e lhe perdoou e o chamou de novo à conversão no cumprimento de sua parte da Aliança.

5 – *Firme no amor*: o Pai nunca muda. Deus é amor. Não vinga. Não condena. Ele somente pode amar a seu povo. Nem a infidelidade do povo apaga sua firmeza no amor.

6 – *Pai:* esse título fala tudo. Deus acolheu seu povo como filhos amados. Nunca os abandonou. Sempre esteve presente em sua vida até nos vários exílios em sua história. Esse Pai sempre desceu para estar com seu povo.

Em nossa oração dirigida ao Pai devemos tentar aproveitar esses cinco adjetivos, deixando que Deus Pai seja tudo isso conosco. Cada característica descreve o ser e o agir de Deus Pai dando espaço para que Ele possa ser e agir tudo isso em nós. E respondemos a seu amor por meio das orações de louvor e de adoração do Pai. Muitos cristãos nem percebem que mais do 80% da Missa é dirigida a Deus Pai. Cada vez que fala na liturgia "Ó Deus" já podemos traduzir com carinho para "Ó meu Pai".

Jesus Cristo

Acolhemos Cristo como nosso *Senhor e Salvador.* Precisamos e devemos nos encontrar com Ele como alguém *divino e humano*. Ele é o Verbo que, para cumprir a vontade salvífica do Pai, *se fez carne e habitou entre nós*. Precisamos cada vez mais contemplar esse Deus-homem em toda a sua humanidade. Cristo assumiu nossa humanidade com todas as suas fraquezas. O Verbo criador se fez criatura. Cristo, como nós, teve medos, dúvidas, tentações, decepções com sua comunidade íntima dos doze. Um o traiu, outro o negou três vezes e, no momento quando mais precisou do apoio e da ajuda deles na paixão, todos o abandonaram no jardim. Portanto tudo que possivelmente precisamos passar na vida Cristo humanamente também passou, *menos o pecado*. Ele, humano, entende bem pelo que passamos. Podemos falar com Ele a qualquer momento do dia ou em qualquer circunstância, alegre ou triste. Morreu por nós na cruz. Chamou-nos de irmãos e nos chama constantemente para a conversão no amor e no cumprimento da aliança de nosso batismo. Toda oração com Cristo é um encontro de esperança, amor e conversão em Cristo humano – **é ficar apaixonado por Cristo**. É deixar que Cristo demonstre seu amor apaixonante para sua pessoa. E respondemos para esse amor querendo na conversão ser uma continuação de Jesus na vida real.

O Espírito Santo

Sem dúvida o Espírito Santo é a Pessoa da Trindade mais desconhecida, por isso a mais esquecida. Rezamos para Ele nos momentos críticos pessoais e comunitários, mas logo o esquecemos. O Espírito Santo é uma pessoa e não uma "pomba" nem "uma língua de fogo". Como o Pai e o Filho, é uma Pessoa. E, sendo uma pessoa, podemos ter um relacionamento profundo com Ele e Ele conosco. São Tomás Aquino, em seu tratado comprido sobre o Espírito Santo, disse no fim em resumo: *O Espírito Santo é nosso Amigo.* Esse deve ser então nosso relacionamento com o Espírito Santo: amizade profunda e íntima. Nossa oração deve ser caracterizada por uma amizade calorosa, pedir sua intercessão e que anime nosso amor mútuo. Não precisamos esconder nada ou ter vergonha para falar com Ele sobre nosso verdadeiro "eu".

Aproveitando da grande sequência na festa de Pentecostes, podemos perceber o que esse nosso amigo diariamente faz em nossa vida. Ele é um amigo fiel.

1. Ele cura – todas as nossas doenças físicas, espirituais (tendências pecaminosas) e psicológicas (feridas não resolvidas e tendências pecaminosas enraizadas). O Espírito Santo vem a nosso auxílio para curar essas doenças, que não nos deixam viver em paz nossa consagração batismal. Ele não condena, mas acolhe e abraça nossas limitações, cura e apresenta remédios para tomarmos, a fim de eliminarmos as doenças, e nos conduz para o caminho libertador de conversão.

2. Ele sara – sarar é um processo de libertação das imperfeições de nossa personalidade. É o trabalho de reparar tudo o que herdamos de negativo em nossa caminhada na vida. E todos nós herdamos coisas negativas. O Espírito Santo vem para fechar as feridas do passado, que não nos deixam viver com amor a aliança do batismo. Mais uma vez, Ele apresenta remédios que precisamos tomar, às vezes amargos, como perdoar às pessoas que nos fizeram mal. Paramos, de repente, de resmungar do passado e percebemos que o caminho de libertação é o perdão de pessoas vivas ou falecidas que nos fizeram mal. Percebemos finalmente o caminho da conversão: "isto é, de ontem, mas não é de hoje". Finalmente assumimos que somos donos de nossa vida e saímos das mágoas do passado (isto é, de ontem) e assumimos que podemos viver com paz o presente (mas não é de hoje). É em poucas palavras o que descrevemos em cima sobre a espiritualidade de baixo para cima.

3. Ele lava – sim, o Espírito Santo lava. A imagem é a roupa branca que recebemos no batismo. Essa roupa fica manchada por nossos pecados. Então o Espírito Santo vem como nosso *lavadeiro* para lavar toda a mancha. E, uma vez que Ele lava, não existe mais a mancha ou o pecado por toda eternidade. Ele faz isso em nosso favor cada vez que nós entramos no confessionário. Nossa roupa branca (nossa pessoa) fica "mais branca do que a neve".

> "Venham, vamos refletir juntos", diz o Senhor. "Embora seus pecados sejam vermelhos como escarlate, eles se tornarão brancos como a neve; embora sejam rubros como púrpura, como a lã se tornarão" (Is 1,18).

4. Ele apaga – talvez a crença mais difícil de acreditar é a de que, quando Deus perdoa nossos pecados, eles não existem mais. Deus nunca mais poderá nos acusar de nossa infidelidade porque o pecado foi lavado no sangue do Cordeiro, que tira o pecado do mundo; o Espírito Santo amigavelmente apaga o pecado por toda a eternidade. Não existem mais pecados depois do perdão. Quando vêm dúvidas: "será que Deus me perdoou?", precisamos de um momento de intimidade com o Espírito Santo, que confirmará que nosso pecado não existe mais. Foi apagado! Foi graça. Foi o resultado do Cordeiro, que tira o pecado do mundo.

5. Ele ama – o Espírito Santo é o amor que existe entre o Pai e o Filho Jesus. O Espírito Santo é amor e causa comunhão. No batismo, ele vem morar com seu amor em nosso ser mais íntimo. Ele faz de nós seu templo, um lugar sagrado onde a Trindade reside. Ele está conosco 24 horas por dia. Nunca nos abandona, mesmo quando optamos para nos livrar dele pelos pecados. Ele vê toda nossa realidade de coisas boas e ruins e está apaixonado por nós. Seu amor é sem condições. Como é possível um Deus nos amar tanto?

> Quando todos os israelitas viram o fogo descendo e a glória do Senhor sobre o templo, ajoelharam-se no pavimento com o rosto em terra, adoraram e deram graças ao Senhor, dizendo: "Ele é bom; seu amor dura para sempre" (2Cr 7,3).

Portanto toda oração começa invocando o Divino Espírito Santo, ficando em profunda intimidade com Ele. E, pouco a pouco, dirige-nos para nosso Salvador, Jesus, facilitando a comunhão íntima com Ele. No fim, Jesus e o Espírito nos colocam no abraço misericordioso de Deus Pai. É um amor Trinitário.

A espiritualidade cristã normalmente coloca toda a ênfase em nosso amor a Deus. Como se tudo dependesse de nós, isso criou de fato uma espiritualidade *"egocêntrica" ou de cima para baixo. Nós ficamos, por isso, no meio da oração, e o Deus verdadeiro ficou preso dentro de nossos caprichos.* Mas a oração contemplativa é o oposto – a ênfase está em quanto Deus nos ama. A contemplação é "Deus-cêntrica". Os grandes místicos nos ensinaram que o centro de toda espiritualidade é experimentar o quanto Deus nos ama. Deus é quem age, Deus é quem inicia o processo de amor, é Deus quem nos seduz. Deus é o agente principal na oração de contemplação, que é um convite universal que Deus dá a todos no Batismo. O profeta Jeremias indicou isso claramente dizendo:

> Seduziste-me, o Senhor, e deixei-me seduzir (Jr 20,7).

E Santo Agostinho, em uma forma contemplativa e bela, descreveu essa sedução que aconteceu tarde em sua vida assim:

> Tarde te amei, ó beleza tão antiga e tão nova! Tarde demais eu te amei! Eis que habitavas dentro de mim e eu te procurava do lado de fora! Estavas comigo, mas eu não estava contigo (...) Tu me chamaste, e teu grito rompeu a minha surdez. Fulguraste e brilhaste e tua luz afugentou a minha cegueira. Espargiste tua fragrância e, respirando-a, suspirei por ti. Tu me tocaste, e agora estou ardendo no desejo de tua paz... Jesus me seduziu e me deixei seduzir. Fui conquistado pelo amor de Cristo a mim.[2]

[2] Santo Agostinho, Confissões, 10,27-29.

A oração contemplativa na espiritualidade *é a capacidade de*, pouco a pouco, aumentar a intimidade com Deus conosco, que é relacionamento sem limites. A contemplação cristã não é simples meditação, mas sim um aprofundamento de um relacionamento com Deus. O amor fala de relacionamento. E o resultado da oração de contemplação é que nós, cada vez mais, tornamo-nos quem nós contemplamos e amamos. *Não sou eu que vivo, mas é Cristo que vive em mim* (São Paulo). É um profundo olhar mútuo entre Deus (Tu) e minha pessoa (Eu). Eu olhando e amando a Deus e Deus olhando para meu "verdadeiro eu", que é, ao mesmo tempo, santo e pecador. Deus me ama exatamente como sou, sem exigências de perfeição. Eu olhando para Deus, e Deus para mim em toda a minha realidade e me amando até como pecador, e eu em reposta tentando amar a Deus *de todo o meu coração.* Minha resposta é a conversão no ser amante de Deus.

Como é difícil entender isso quando *nós nos julgamos indignos do* amor de Deus. Mas Ele, vendo-nos em todas as nossas misérias humanas, convida-nos a mergulharmos em seu amor sem preço e sem condições. É fonte de graça que não merecemos, mas que precisamos acolher na fé. É crer em seu amor. É graça.

A espiritualidade, na segunda metade de nossa vida, não deve ser mais uma questão moral, porque agora é uma questão mística. A maioria de nós, na primeira fase de vida, está centrada na *perfeição*. Mas nós não podemos parar e ficar nessa etapa. São Paulo chama a primeira etapa de nossa vida *a Lei*, isto é, "eu sou bom porque obedeço a tal lei, ou porque faço tal trabalho, ou porque pertenço a tal grupo". Essa é a norma que somente o "ego" entende.

Essa norma, ou jogo, precisa parar e ser purificada. São Paulo disse que a lei nos dirige para a morte (Rm 7,5; Gl 3,10). Muitos religiosos, leigos e clérigos ainda estão presos dentro da lei, acreditando que, por fazerem coisas boas, de alguma maneira, vão ganhar a aceitação de Deus. Mais uma vez, nosso "eu" está no meio e não Deus. Estamos tentando controlar Deus segundo nossos caprichos e nossas exigências.

Uma maneira que Deus usa para nos largar do princípio de nosso projeto da Lei e de salvação pessoal é algum tipo de sofrimento físico, emocional ou espiritual por que passamos. Por isso nós, católicos, penduramos cruzes em nossas igrejas, beijamo-las e dizemos que somos "salvos" por elas. Apesar de todos esses ritos, parece que não acreditamos o que a cruz nos ensina, isto é, que o caminho de morte e ressurreição de Cristo também é nosso caminho em que precisamos *morrer* espiritualmente ou o assunto de ressurreição não tem nenhum sentido. Não sei de alguma coisa que é suficientemente forte para nos ajudar a largar de nosso "ego" ou da prática da lei para passarmos para o momento místico de sermos cercados pelo amor de Deus. Infelizmente, somos definidos pelo mundo e por nós mesmos como bem-sucedidos, moralmente corretos, certos, bons, no topo, o número um. E essa atitude de secularismo vai nos derrotar na segunda etapa de nossa vida quando não pudermos apelar mais para esse sistema da Lei por mil razões físicas, psicológicas ou espirituais.

Essa é a crise quando finalmente nós não nos sentimos santos ou dignos. Sentimos que somos certo fracasso. Quando esse momento se manifesta, a tentação normal do "ego" é ser até mais rigoroso segundo as normas da lei da primeira etapa de nossa vida. A lei volta a querer mandar em nós. Nós nos encostamos em leis e rituais em vez de acolher o risco de *mergulhar no oceano da misericórdia de Deus por graça.*

Então esse é o único caminho para acolher nosso verdadeiro "eu" em que não precisamos mais provar nossa pessoa a Deus. Descobrimos que tudo é misericórdia e graça; que não é o que nós fazemos em favor de Deus, mas *o que Deus fez e continua fazendo por nós e em nós.* É uma mudança radical de parar de tentar amar a Deus deixando que Ele nos ame *por graça e não por merecimento.* Com ela finalmente ficamos apaixonados por Deus, porque descobrimos que Ele, primeiramente, está apaixonado por nós. É o caminho de libertação. Podemos ficar na presença de Deus, sem medo de sermos acolhidos por Ele, por amor.

A espiritualidade, portanto, é o caminho para entrar em comunhão com o amor Trinitário e, pouco a pouco, assumir pela conversão a mesma mentalidade e dinâmica de Deus, isto é, o amor por meio da doação de si mesmo seja para Deus, seja para nosso próximo (aliança do batismo).

O amor Trinitário não é egocêntrico, não ficou preso apenas dentro dos limites da Trindade, fechado em si mesmo. Deus Pai saiu de si para *criar* o universo e criou, sobretudo, homens e mulheres, quase iguais a Ele, e para amá-los. O Filho esvaziou-se, desceu, fez-se carne, pão e cordeiro imolado na cruz *para nos salvar.* O Espírito nos fez *seu templo santo* para sempre ficar conosco. E a Trindade nos chama, por meio da espiritualidade, para experimentar seu amor, mas também para imitar seu amor no concreto da vida. Nós agora pela espiritualidade precisamos sair de nós mesmos para criar, amar e servir a nossos irmãos. Eis o maior desafio da espiritualidade cristã – *amar a todos como Deus nos ama.*

Espiritualidade, portanto, é qualquer meio que nos faz sensíveis para captar essa presença amorosa de Deus em nossa vida. É um encontro com um Deus pessoal. É relacionamento de amor mútuo. Esse meio sensível pode ser sobre coisas espirituais ou até no meio do mundo profano. Não podemos limitar ou manipular a ação e a presença de Deus, que pode e quer, com paixão, revelar-se a nós no sagrado ou no profano. Deus está em tudo e em todos. A espiritualidade nos faz sensíveis para perceber sua presença e reagir diante de seu amor apaixonante. No fim, somos chamados a sermos uma continuação do amor Trinitário, amando a todos que aparecem em nossa vida, sejam santos ou pecadores. Deus é assim. E, na contemplação desse Deus de amor, Ele nos convida a assumir seu ser e seu agir com os que nós encontramos. É continuar Deus.

Há três momentos na prática da espiritualidade

A questão aqui é formar uma disciplina para criar uma integração dos três momentos distintos, mas inter-relacionados da espiritualidade. É perceber que os três momentos ajudam um ao outro para facilitar uma experiência do amor de Deus na simplicidade de vida sem a necessidade de buscar coisas extraordinárias. <u>Deus está nas coisas simples da vida.</u>

Primeiro momento – a vida interior

É um momento escolhido e uma opção para ficar em silêncio, que, automaticamente, convida-nos a fazer uma viagem para dentro de nós. Quando optamos, livremente, por esse momento precioso, nós nos encontramos com nosso *verdadeiro eu.* Com paciência e honestidade, tiramos uma por uma as máscaras falsas que usamos no exterior e no barulho do mundo, em nossos relacionamentos com os outros ou nos momentos em que tentamos defender nosso *falso eu.*

O silêncio inicia a viagem, e, nela, a pessoa é capaz de apreciar momentos de silêncio e, intencionalmente, buscá-los. A pessoa não tem medo de si mesmo e é capaz de acolher o bom, o deficiente e as limitações em sua totalidade. É capaz de acolher seu pacote todo composto de virtude e deficiências. Uma pessoa é capaz de ter *intimidade consigo*. Pode, com calma e paz, conhecer e apreciar sua própria pessoa e, sobretudo, suas intenções mais íntimas. É uma busca para acolher seu verdadeiro "eu". A pessoa é capaz de assumir onde ela precisa crescer humana e espiritualmente, acolher o fato de seu verdadeiro "eu" não ser 100% perfeito. Com calma e amor próprio, é capaz de se enxergar como Deus a vê e ama. É capaz de gostar de si mesma, apesar de suas limitações humanas e espirituais.

A vida interior e o silêncio interior fornecem momentos de *autoaceitação, autoapreciação e um julgamento sereno sobre seu ser e agir verdadeiros.* Nesse silêncio, não precisa mais usar máscaras nem consigo nem com Deus. Criam-se uma paz e uma serenidade interior. É um momento de profunda libertação. Não precisa ser perfeito diante do Deus perfeito.

No silêncio da vida interior, a pessoa é capaz de finalmente assumir a responsabilidade por suas ações boas ou más, de fazer uma autoanálise tranquila e libertadora de sua vida sem exageros.

E, finalmente, o silêncio fornece a possibilidade de a pessoa rezar no interior de seu ser e *achar Deus, que nunca está longe, dentro de seu templo*. Sem o silêncio e a vida interior, é muito difícil achar Deus e seu amor incondicional em nós. Não existe mais o medo de nos encontrarmos com Deus, com toda a nossa realidade, e descobrirmos seu amor e acolhimento, porque Ele não julga, Ele ama, consola, sara e cura. Mas também faz o pedido: "seja como eu sou com todos", exige a conversão. É um compromisso de amor mútuo.

O que estraga essa vida interior

Em nossa sociedade moderna, há "barulho demais" que atrapalha, senão impossibilita, o caminho para o silêncio e o início da viagem para dentro de nós. A sociedade faz tudo para evitar esse silêncio; assim, cada vez mais, há superficialidade, especificamente na vida espiritual. Há somente a vivência exterior do "falso eu". Isso impede um encontro verdadeiro com Deus.

Também sabemos que, quando vem silêncio, perdemos todas as nossas defesas e nos encontramos com nosso verdadeiro "eu", do qual não podemos fugir. Muitos de nós, então, temos medo desses momentos de silêncio porque sabemos a consequência, isto é, descobrimos a verdade sobre nós mesmos. E, sem confronto pacífico, fugimos da verdade e por isso não existe a necessidade de ficar incomodado e de não assumir um caminho de conversão na aliança de nosso batismo. Há fuga da necessidade de ser como Deus e sair de si mesmo para servir e amar. Há uma opção clara para não ser incomodado pela presença do amor de Deus que nos convida a imitá-lo.

É impressionante ver o efeito do celular hoje em dia. Talvez seja a maior distração moderna, senão dependência ou vício, que não permite que entremos em nosso interior. O dia inteiro ficamos ligados ao celular; assim não entramos em contato conosco nem com Deus. Aumenta, portanto, nosso *falso eu*, nossa falta da experiência de Deus e nossa falta de espiritualidade. Ficamos acomodados!

Segundo momento – a vida exterior

Pouco a pouco, em um processo psicológico e espiritual, começamos a descobrir que somos capazes de sair de nossa vida interior, nosso "eu fechado" para descobrirmos que podemos nos encontrar com outras pessoas. Começamos a ser capazes de encontrar outras realidades. Criamos uma atitude saudável de abertura diante do *diferente* de nossa própria vida. De repente, percebemos que não somos autossuficientes e que podemos aprender e até depender dos outros. Aprendemos que, fora de nós, existe um mundo de pessoas com ideias e valores diferentes. E assim *começamos a assumir que precisamos de outros para nos autorrealizar.* Somos capazes de formar comunidade e amizade.

Mais significante é que começamos a perceber que também possuímos dons e talentos que podem ser oferecidos para ajudar outros a crescer. Aprendemos o valor da palavra "serviço" e "doação", que precisamos frequentemente sair de nosso fechamento na vida interior para amarmos e partilharmos o bem que possuímos.

Descobrimos que somos capazes de: celebrar a vida fora de si mesmo; criar e sustentar relacionamentos com outros; buscar amizades com pessoas dos dois sexos e perceber que os dons dos outros poderiam completar o que falta em nossa própria vida interior; amar e sermos amados, não por merecimento, mas porque somos *valorosos e amáveis.*

A respeito da espiritualidade, aprendemos que podemos experimentar *Deus fora de nós mesmos*, que Deus está na natureza e se revela por meio dela, que Deus está em outras pessoas e nos acontecimentos da vida diária, que outros também são *templos do Espírito Santo* e podem revelar a pessoa, as características e a vontade de Deus, que outras pessoas também foram feitas na *imagem de Deus* e podem revelar a pessoa de Deus; elas são fontes de uma possível experiência de Deus e de seu amor. Portanto podemos celebrar Deus por meio da *liturgia* e juntos, em comunidade, louvá-lo e experimentá-lo. É um momento de percebermos que juntos formamos uma família em e com Deus e que que Ele nos *ama.* Sentimos a necessidade de celebrar todas essas maravilhas juntos por amor.

E, finalmente, na espiritualidade, o que acontece fora de nós deve ser devolvido para a *vida interior* a fim de aprofundar como Deus se revelou a nós. É um momento de aprofundarmos os acontecimentos da vida e desfrutar como Ele nos tocou o dia todo, de percebermos que Ele não está somente no sagrado, mas também no profano. Deus é sempre presente, e precisamos afinar nossa sensibilidade para captar sua presença depois na vida exterior. É um inter-relacionamento entre o sair do interior para o exterior e depois voltar para o interior para curtir a presença amorosa de Deus, que nos ama quando estamos dentro ou fora de nós.

O que estraga a vida exterior

1 – Uma característica do mundo secularizado é a superficialidade de nossos relacionamentos humanos. Usamos pessoas como se fossem mercadorias e nunca temos coragem

de perceber que relacionamento carrega compromisso para com os outros. Portanto a possibilidade e a abertura para experimentar Deus no outro é profundamente enfraquecida. Vemos somente o que enxergamos ou egoisticamente precisamos tirar dos outros. Sem um relacionamento comprometido com outros, não podemos ter uma experiência de Deus por intermédio do outro.

2 – Não voltar para nosso interior, contemplar e acolher o que Deus quis dizer a nós também estraga o crescimento espiritual na vida exterior. Perdemos muitas revelações de Deus a nós pela falta de reflexão contemplativa dos acontecimentos da vida e de pessoas. Deus sempre se comunica conosco por intermédio das coisas fora de nós. Deus está em tudo. Sem voltar para o interior ficamos *insensíveis* para percebermos a presença e a ação de Deus em nossa vida. Falta-nos silêncio.

3 – E, finalmente, um grande erro de nossa sociedade pós-moderna é que fomos formados para corrermos o dia todo, sem pararmos para refletirmos as coisas, para produzirmos coisas, sem nos concentrarmos nas pessoas a nossa frente. As obras e os objetos são mais importantes do que as pessoas. Portanto relacionamentos são colocados em segundo lugar de importância. *Isso cria uma atitude de termos relacionamentos sem compromissos.* Usamos pessoas sem o compromisso do amor, o que nos atrapalha, imensamente, a possibilidade de enxergarmos Deus no outro e causa profunda insensibilidade para acolhermos e servirmos aos outros. Eles existem para nos servir e não vice-versa. Causa um grande egoísmo e é quase impossível experimentar a presença de Deus no mundo e nas pessoas. O coração está fechado só em si mesmo.

Terceiro momento – a vida espiritual

Estando ou na vida interior ou na vida exterior, Deus vem a nosso encontro para nos amar e nos dirigir para sua santidade. "*... pois está escrito: "Sejam santos, porque eu sou santo*" (1Pd 1,16). Deus vem a nosso encontro e quebra o fechamento de nosso círculo em nós mesmos e invade essa área quando e como quer. Mas Ele sempre bate à porta pedindo entrada para um encontro entre nós. *Eis que estou à porta e bato. Se alguém ouvir minha voz e abrir a porta, entrarei e cearei com ele, e ele comigo.* Não temos controle sobre o amor de Deus, que quer que sua presença seja acolhida e respondida com amor igual. O fato é que Deus está presente em nós vinte quatro horas por dia. E, em seu amor, faz sua presença sensível para nós. A espiritualidade é estar atento para captar sua presença estejamos nós na vida interior ou exterior. Ser sensível para sua presença é o segredo de espiritualidade encarnada. Ele está presente no sagrado e no profano.

A vida espiritual então é <u>responder ao amor de Deus com nossa vida.</u> As respostas tradicionais, diante da sensibilidade de perceber a presença de Deus na vida interior ou exterior, são: *adoração, agradecimento, pedir por nossas necessidades e perdão por nossa falta de amor a Deus e a nosso próximo.*

Essas respostas podemos chamar de *contemplação rápida.* De repente, sentimos a presença de Deus em nós ou fora de nós. Sentimos a necessidade de responder com amor àquele que nos amou primeiro. É um encontro entre duas pessoas apaixonadas. É o exercício de sair de nossa insensibilidade para acordar nossa espiritualidade. E isso pode acontecer na rua, no ônibus, no bar, no trabalho, na Igreja, no silêncio do quarto. Deus não tem limites para manifestar sua pessoa e seu amor a nós. A espiritualidade é ficarmos acordados, para acolher e responder a suas manifestações amorosas e curtir espiritualmente esse relacionamento de amor mútuo.

A palavra que aparece várias vezes no Evangelho para descrever essa atitude é *vigilância*, uma atitude para captar a presença de Deus, que é um dom, e precisamos rezar para que Deus aumente em nós esse dom.

Diante da revelação da presença de Deus dentro ou fora de nós, somos chamados como criaturas a ficarmos em uma atitude de adoração, diante de nosso Criador, de perceber que na espiritualidade não existem formulários mágicos para exigir ou manipular essa presença de Deus. Seu amor e sua presença são graça e dom, *que Deus quer doar a todos*. Deus é mais ansioso de estar conosco do que nós estamos prontos para ficarmos com Ele. A espiritualidade é assumir cada vez mais uma atitude de culto e adoração diante de Deus. Deus se revela, e nós respondemos. Isso é espiritualidade.

O que estraga a vida espiritual

1 – O orgulho do homem é o que mais atrapalha a vivência da vida espiritual. Sofremos a mesma tentação de Adão e Eva, *comer essa fruta e ser IGUAL a Deus*, a qual continua existindo em nosso coração. Querendo ser iguais a Deus, fechamos toda a possibilidade de diálogo amoroso com Ele. O orgulho, que fecha a porta para qualquer processo de intimidade com Deus, foi o pecado original. Ele bate para entrar no nosso íntimo, a fim de nos amar, mas nosso orgulho não permite que Ele entre. Tal atitude cria a atmosfera de que *não precisamos de*

Deus, somos autossuficientes. E a sensibilidade de reconhecer e acolher Deus não acontece no meio de nosso orgulho. Deus fica em segundo plano. Nós nos colocamos no meio de tudo, e Deus fica infelizmente na periferia.

2 – Como vimos no primeiro capítulo, o secularismo tem fechado muitas possibilidades de nos encontrarmos com Deus. *Deus está morto*. "Não podemos conhecer Deus". "Deus não existe". O ateísmo e agnosticismo estão crescendo cada vez mais. Portanto nem o primeiro passo de sensibilidade de captar a presença amorosa de Deus pode acontecer. Ficamos totalmente insensíveis a acolher a presença de Deus porque nos falta a fé. *Sem fé não há espiritualidade e experiência de Deus*. Ficamos anestesiados diante dos sinais claros da presença de Deus em nós, nos outros, no mundo. É um estado de fechamento.

3 – Outra característica da pós-modernidade e secularismo é a criação de um individualismo doentio. Tudo é "eu-cêntrico", por isso não há espaço para Deus ou para o próximo entrar em contato conosco. O espaço é totalmente ocupado pelo "eu". O "outro" (Deus e nosso próximo) faz seus apelos para entrar, mas o egoísmo não permite sua entrada. O individualismo exagerado cria um senso de prepotência e a negação de que precisamos de outros para nossa realização. Somos o suficiente e ponto. Não precisamos de Deus, da comunidade. Conscientemente, colocamo-nos em um bloco de gelo em que o amor de Deus e de outros não penetra, pior, nossa capacidade para amar não sai de nós mesmos. Tudo é direcionado para somente um autoamor.

4 – As grandes tentações de Cristo no deserto foram exatamente contra sua espiritualidade, sua missão e sua experiência

do Pai. No lugar central de Deus em nossa vida batismal, somos seduzidos a colocar nossos deuses substitutos. Começamos a adorar os três deuses falsos que foram as mesmas tentações de Jesus. *O pão (materialismo), o prazer (como um absoluto) e o poder (como norma de vida em que não preciso servir)* cegam as pessoas. São as grandes distrações que não permitem que enxerguemos Deus. Esses três deuses falsos exigem nossa atenção exclusiva e completa. São nossos novos ídolos e deuses do secularismo. Exigem toda a nossa atenção até o ponto que todo o espaço, interno, externo e espiritual já está ocupado. Total insensibilidade de experimentar Deus é o resultado. A total falta de sensibilidade espiritual impede que experimentemos a presença de Deus e de seu amor. Nossos deuses falsos tomaram o lugar central em nossa vida e em nossa falta da prática de espiritualidade.

Alguns princípios da espiritualidade

1 – Espiritualidade é acolher o momento de graça

Deus pode aparecer a nós em qualquer momento de nosso dia. O quando e o como estão sempre com Ele. Não temos controle sobre quando e como Deus deve aparecer segundo nossas normas, exigências ou nossos caprichos. Isso seria *magia.*

A espiritualidade é captar e celebrar sua presença, seja no sagrado ou no profano. É perceber – curtir – responder – vigiar – esperar – *é pobreza espiritual.* Deus é fiel e quer mais do que experimentarmos sua presença e seu amor. Deus é generoso em suas manifestações. Temos de deixá-lo livre por amor e celebrar o momento de graça. O problema é nossa falta de sensibilidade de parar para perceber sua presença amável. Também é importante reconhecermos que, em todo o caminho de intimidade com Deus, haverá momentos de *secura na oração*, que acontece quando parece que Ele está ausente, distante e que até nos abandonou. Assim foi com Cristo na cruz: "Pai, por que me abandonou?" É o momento de viver a fé pura, em que Deus está presente e nos amando, até no meio do sentido do abandono.

2 – Espiritualidade não é teoria, mas sim vida

A espiritualidade não fala de teorias, teologias ou métodos de oração sobre Deus, mas sim de *encontro com Deus*. Não é pensar sobre Deus, mas buscar um relacionamento amoroso e adulto com Ele. É falar com Deus. O mundo atual valoriza muito a autorrealização, que pode atrapalhar seriamente nossa busca de estar com Deus. Nossa inteligência não o controla. A espiritualidade é uma tentativa de vê-lo em tudo e em todos. Não devemos buscá-lo como se fosse alguém "lá no céu", porque é um Deus apaixonado que está em nós, a nosso lado, em tudo e em todos. Deus está aqui e agora. Busque-o e o achará.

3 – Espiritualidade começa com um *crer*

O grande mistério de nossa fé é que Deus nos criou por amor e está apaixonado por nós. Até antes da criação do mundo, teve nossa pessoa em seu coração e nos amou. *Eu a amei com amor eterno; com amor leal a atraí* (Jr 31,3). Deus iniciou esse processo de "namoro": *Não tema, pois eu o resgatei; eu o chamei pelo nome; você é meu* (Is 43,1). Tudo isso significa o convite para intimidade mútua. Deus quer intimidade conosco. Deus quer um relacionamento de amor mútuo. A espiritualidade é dar espaço para que *Ele possa nos amar como tanto quer*, acreditar nesse amor, experimentá-lo e acolher como dom sua misericórdia. É deixar que sua compaixão e misericórdia nos cerquem, que Ele cure tudo aquilo que o faça ficar distante de nós. É deixar que Deus seja Deus conosco. É crer nisso. E assim, depois de celebrar tudo isso, como graça e dom, é que a espiritualidade pede que respondamos a seu amor. E essa resposta se realiza por meio de uma conversão autêntica no mesmo ser e agir de Deus experimentado na fé. A autocondenação e desrespeito atrapalham imensamente o processo de acreditarmos que Deus pode nos amar como somos.

4 – Espiritualidade exige pobreza espiritual

A parte mais difícil da espiritualidade é a *pobreza espiritual.* É necessário aparecermos diante de Deus "nus", sem máscaras e sem defesas, com toda a nossa totalidade de coisas boas, limitações e história de pecado pessoal. Deus nos ama em nossa totalidade. Como é difícil acreditar nisso porque achamos que Deus nos julga como julgamos e condenamos a nós mesmos. A espiritualidade é o processo de acolher o amor de Deus *como graça e não merecimento*. Deus quer amar e curar nossa totalidade e nos levar para uma libertação como filhos amados do Pai. Somente a humildade, diante da graça de Deus, pode nos libertar para acreditarmos em seu amor. O ponto de saída nessa pobreza espiritual é deixar que Deus seja Deus conosco e perceber que seu amor é graça. E em resposta acolhemos seu amor e respondemos amando a Deus com "todo o nosso coração".

5 – Espiritualidade é combinar o "velho" com o "novo"

Nossa espiritualidade não vem de um vácuo. Ela tem uma história e um processo específico. Existe em todos nós uma *tradição de espiritualidade*, que inclui coisas do passado, presente e os momentos-chave de conversão em nossa vida. Inclui a ajuda de outros e até os danos causados por aqueles que nos deixaram com medo de Deus. Enfim, nossa tradição espiritual forma uma mistura fina que determina no fim *nossa imagem básica e fixa de Deus*. A espiritualidade é perceber, pela moção do Espírito Santo, quando precisamos largar certas práticas ou imagens de Deus do passado e com coragem acolhermos a nova: novas maneiras de rezar, novas visões de Deus, novas práticas que facilitam uma experiência de seu amor. É um processo contínuo de conversão que exige um guardar o que nos ajuda a ter uma experiência de Deus e um deixar o que não serve mais. É sermos movidos pelo Espírito Santo. É o processo de purificação de nossos medos e julgamentos do próprio Deus que ganhamos no passado. É o processo de tirar o medo e acolher um Deus de amor e de misericórdia. É coragem de deixar até certos movimentos na Igreja que impediram nossa descoberta de um Deus de amor.

6 – Espiritualidade exige ascese cristã

A espiritualidade precisa assumir a responsabilidade da ascese, que, antigamente, era chamada de *mortificação,* e da disciplina. A ascese na espiritualidade é a coragem para dizer *não* às distrações frequentes de nosso mundo secularizado. Dizer "não" a tudo que tente tirar nossa visão de um Deus de amor e de misericórdia. Ela permite que busquemos momentos de silêncio para acharmos Deus em tudo, *nas coisas simples de vida,* e não para exigirmos sinais extraordinários para acreditarmos em seu amor. Ela é a coragem de deixarmos nossas distrações e nossos "ídolos" de "pão, prazer e poder" para acolhermos o único Deus e Senhor como o centro de nossa vida. Como Elias, podemos, com ascese, achar Deus não na tempestade, mas *na brisa mansa.*

Todos os místicos nos contam que, para podermos ficar em união com Deus, precisamos abandonar tudo em nós que está contra sua vontade. Isso exige uma purificação de muitas coisas em nossa totalidade, especialmente nosso egoísmo, orgulho e desamor. *A conversão é a ascese da espiritualidade*. Precisamos dar espaço para que Deus nos indique que aquilo que pensávamos ser "central" foi somente uma ilusão, que atrapalhou o caminho para intimidade com Ele. Assim entra toda a busca de conversão como ascese que precisa ser livre e corajosa. O fim é união com Deus e não a perfeição.

III TRÊS DINÂMICAS DA ESPIRITUALIDADE

Na busca sincera de querer viver a espiritualidade, o cristão precisa conhecer, apreciar e viver sua *consagração batismal*. Na cerimônia do batismo, fomos marcados na testa com o santo óleo do crisma, uma mistura de óleo e bálsamo, que, pela unção, o batizado, o crismado e o ordenado sacerdote são consagrados por e em Deus. Cristo foi ungido pelo Espírito Santo em seu Batismo no Jordão, e nós somos inseridos em Cristo consagrado por meio da unção desse santo óleo.

> Assim que saiu da água, Jesus viu os céus se abrindo, e o Espírito descendo como pomba sobre ele (Mc 1,10).

> O Espírito do Senhor está sobre mim, porque ele me ungiu para pregar a Boa-Nova aos pobres (Lc 4,18)

O óleo do Crisma é perfumado e utilizado, liturgicamente, em todos os sacramentos consecratórios. Depois da imersão nas águas do batismo, o batizado é ungido com esse santo óleo na fronte, com o sinal da cruz, como o símbolo de sua consagração a Deus. O bispo na Quinta-feira Santa benze esse óleo, rezando assim:

> Pelo sagrado mistério da crisma, enriqueceis de graças vossos filhos; renascidos pela água baptismal, são fortalecidos pela unção do Espírito, e, configurados com vosso

Cristo, nosso Senhor, participam de seu múnus de profeta, sacerdote e rei (cf. O ritual da bênção dos santos óleos).

Qual é o sentido de consagração na Igreja? Por muitos séculos, a visão tradicional da consagração foi limitada ao conceito de consagração na vida religiosa e sacerdotal. Nesse conceito, somente os religiosos e sacerdotes eram convidados a assumir um estado de perfeição por meio de sua consagração ou estado de vida consagrada a Deus. Só eles poderiam ser chamados à perfeição cristã. Os batizados leigos foram colocados na escuridão e na periferia da possibilidade de conseguirem uma vida consagrada e santa.

De repente, o Concílio Vaticano II recuperou a verdade: *todos os batizados são consagrados e chamados à perfeição em Cristo.*

> Por isso todos na Igreja, quer pertençam à Hierarquia, quer por ela sejam pastoreados, são chamados à santidade, segundo a palavra do Apóstolo: "esta é a vontade de Deus, vossa santificação" (1Ts 4,3; cf. Ef 1,4). Esta santidade da Igreja incessantemente se manifesta, e deve manifestar-se, nos frutos da graça que o Espírito Santo produz nos fiéis; exprime-se de muitas maneiras em cada um daqueles que, em seu estado de vida, tendem à perfeição da caridade..."[3].

E qual é a essência e o ponto central de nossa consagração batismal? O ser da vida consagrada batismal é tão simples que é chocante, mas leis e estruturas têm tirado o espírito do projeto original da vida consagrada batismal e até a consagração

[3] Cf. Doc. Vaticano II, *Lumen Gentium*, parágrafo 39.

religiosa e sacerdotal. Perdemos a essência, frisando mais a perfeição exterior, e esquecemos que consagração fala de *uma perfeição interior*. Não fala da cabeça, mas sim do coração. E a vivência dessa aliança batismal foi reduzida para somente dois mandamentos pelo primeiro consagrado, Jesus Cristo: *amar a Deus de todo o seu coração e amar ao próximo como ama a si mesmo.*

> O doutor da lei perguntou: "qual é o primeiro de todos os mandamentos?" Jesus respondeu: "O primeiro mandamento é este: Ouça, ó Israel! O Senhor nosso Deus é o único Senhor! E ame ao Senhor seu Deus com todo o seu coração, com toda a sua alma, com todo o seu entendimento e com toda a sua força. O segundo mandamento é este: ame a seu próximo como a si mesmo. Não existe outro mandamento mais importante do que esses dois (Mc 12,28-31).

Toda a consagração batismal e religiosa é simplesmente isso. É uma aliança de amor entre Deus e seu consagrado. Essa aliança fala de amor mútuo e não de leis e estruturas. Complicamos tanto nossa vida consagrada batismal com tantas coisas e leis externas que nos afastamos do ideal original de uma aliança de amor com Deus e com os irmãos. A consagração fala de amor. É simples. É para todos os batizados.

Ela significa também que queremos pertencer a Deus 100%. É tudo que somos e fazemos que, cedo ou tarde, ofereceremos a Deus como dom de amor em *culto e adoração*. Queremos fazer isso porque descobrimos na fé que foi Deus que nos amou primeiro. Um batizado consagrado quer ser de Deus e viver para Ele. Queremos pertencer a Deus de forma intensa, porque Ele primeiro se consagrou a *nós* e é fiel a isso.

Sem nos iludir nesse processo de pertencer a Deus na intensidade, os padres do deserto nos ensinaram que não é impossível viver nossa consagração 100%. Temos bloqueios espirituais e psicológicos que não nos permitem amar Deus e nossos irmãos com *todo o nosso coração.* Por isso que o elemento da conversão é essencial na vivência de nossa consagração batismal. Por ela, entramos no processo da conversão eliminando os obstáculos que não permitem que amemos a Deus e a nosso próximo. A consagração, portanto, *é um processo contínuo de conversão por toda a vida.*

Eis a simplicidade do conteúdo de nossa consagração batismal:

– amar a Deus e ao próximo na vida cotidiana e concreta;

– fazer isso motivados pela consagração batismal;

– ser de Deus e viver para Ele em tudo. É uma aliança de amor entre Deus e nós, seus consagrados, uma intimidade mútua e um relacionamento de amor mútuo;

– assumir com fé uma caminhada de conversão para tentar amar a Deus e a nosso próximo "100%", sabendo que, nesta vida, nunca vamos ser perfeitos, mas que, ainda assim, Deus nos ama até quando pecamos.

Novamente entramos com os conceitos da espiritualidade, pois sem ela é impossível viver honestamente nossa consagração batismal.

Na história de espiritualidade, os santos do passado nos ensinaram a necessidade de introduzir três dinâmicas que facilitarão a vivência de nossa consagração batismal. São palavras gregas, que vêm dos escritos dos padres-monges do deserto, que valem até hoje para religiosos, sacerdotes e leigos batizados. As três dinâmicas são: *Evangelia/ Koinonia/ Diakonia.* No contexto de espiritualidade, essas três dinâmicas nos ajudam a superar os efeitos negativos do secularismo. Vamos tratar aqui de cada uma dessas dinâmicas com a esperança de firmarmos nossa consagração batismal e sermos sal e luz neste mundo secularizado. Assim podemos ser uma opção diferente, profética e visível neste mundo sem Deus. *Vocês são o sal da terra. Mas, se o sal perder seu sabor, como restaurá-lo? Não servirá para nada, exceto para ser jogado fora e pisado pelos homens*" (Mt 5,13).

Evangelia

A *Evangelia* significa o esforço para formar uma espiritualidade em que os batizados e a comunidade cristã querem se concentrar em Deus. No indivíduo consagrado ou em uma comunidade de fé, *Deus ocupa o lugar central.* É uma tentativa séria para *amá-lo de todo o nosso coração.* Em poucas palavras, os consagrados pelo batismo querem formar uma comunidade de fé. Não uma fé em que Deus seja uma ideologia, uma teologia, mas uma fé em que Deus realmente seja um membro na vida da pessoa ou da comunidade de batizados. É Deus "Emanuel", isto é, "Deus conosco". A comunidade acolhe a presença de Deus como dom, como amigo, como amante Divino pela aliança do batismo. Deus não é uma ideia ou uma reflexão mental. *Deus vive entre nós.* A *Evangelia* fornece a possibilidade de que Deus mexe conosco, dirige-nos, corrige-nos, cura-nos e nos salva em toda a nossa realidade humana e espiritual. Deus é amor, e a *Evangelia* nos ajuda a perceber e celebrar seu amor em nossa vida concreta, como santos e pecadores. Ela deixa a porta aberta para permitir que Deus possa entrar a qualquer momento do dia ou da noite em nós ou no meio da comunidade de fé. Abre nossa sensibilidade para perceber e acolher essa presença constante de Deus e nos ajuda a perceber que Ele sempre esteve conosco nos tempos bons e ruins e nunca nos abandonou. Até com nossas portas fechadas, Deus se faz presente entre nós.

> Ao cair da tarde daquele primeiro dia da semana, estando os discípulos reunidos a portas trancadas, por medo dos judeus, Jesus entrou, pôs-se no meio deles e disse: "Paz seja com vocês!" (Jo 20,19)

Nós, que somos batizados, começamos a perceber que Deus é uma pessoa, que há três Pessoas distintas na Trindade e que a *Evangelia* é o convite para iniciarmos um relacionamento mútuo e diferente de carinho e amor com cada Pessoa. A *Evangelia* quebra nossos preconceitos formados e errados para podermos conhecer e experimentar cada Pessoa da Trindade. Cada Pessoa da Trindade está em nós e constantemente nos ama.

> Vocês não sabem que são templos de Deus e que o Espírito de Deus habita em vocês? (1Cor 3,16).

Os membros da comunidade buscam intimidade com seu Deus, que não quer um relacionamento superficial com seus consagrados. Santo Afonso de Ligório diria que *Evangelia* seria o processo de *namoro com Deus*. Os consagrados começam a viver na fé de que Deus primeiro está apaixonado por sua pessoa, não por seu merecimento, mas por graça e por opção dele. Diante desse ato de fé, o consagrado quer responder para esse amor gratuito e pleno, amar a Deus de todo o seu coração, não em teoria, mas na vida real. E a resposta mais íntima que ele pode apresentar a Deus, depois de descobrir que Ele o amou primeiro, é viver a consagração batismal: amar a Deus e ao próximo. Não mais ou menos, mas com uma paixão, igual a de Deus.

Para que tudo isso possa acontecer, o batizado consagrado precisa formar sozinho e também em comunidade uma *comunidade contemplativa*. A *Evangelia* então é fornecer meios para que esse amor e a presença de Deus possam acontecer entre eles. Precisa assumir a disciplina de buscar estar na presença amorosa de Deus na oração "*eu e tu*" cada dia (a oração de intimidade). É um processo de namoro. Os membros da comunidade de fé percebem que Deus primeiro está apaixonado por eles, e eles querem responder com amor igual a Deus. Eles buscam Deus nas coisas simples da vida - na natureza - em si mesmos - nos outros - nas variadas circunstâncias de vida e, no mais difícil, na aparente ausência da Deus em sua vida. A espiritualidade ajuda a pessoa consagrada a achar Deus em tudo se ela tiver a paciência contemplativa para buscá-lo. O Criador está presente em tudo que foi criado. Deus deixou algum traço de sua pessoa em cada pessoa ou coisa criada. Falta nossa sensibilidade de perceber, acolher sua presença e responder a ela.

A *Evangelia* é também a disciplina no meio deste mundo secularizado *de dar um tempo honesto diariamente para estar com Deus na intimidade mútua*. Não somente amando a Ele, mas deixando que nos ame como sempre quis. Ela assume que há distrações no mundo secularizado e que é preciso praticarmos diariamente alguma disciplina espiritual, que exija silêncio, para podermos estar na presença amorosa e misericordiosa de Deus. Essa busca não é tão fácil; é um compromisso de amor porque descobrimos que Deus primeiro é fiel em nos buscar e amar.

E essa busca pessoal deve terminar *na busca de celebrar Deus em comunidade, que é a liturgia.* Toda liturgia tem por finalidade quebrar nossa insensibilidade religiosa simbolizada pelas *portas fechadas por medo*, para celebrarmos Deus que sempre vive no meio da comunidade, que concentra sua vida em Deus de uma forma intensa, e celebrar Deus misericordioso em comunidade.

A *Evangelia* significa que a comunidade experimenta uma "fome de Deus", e ela vai em busca de Deus aproveitando-se de dois alimentos para matar essa fome. A comunidade busca "Deus alimento" por meio de sua palavra (*Bíblia*) e na celebração da liturgia (*Eucaristia*).

Os consagrados pelo batismo colocam a Palavra de Deus em um lugar de destaque. A oração e a contemplação da Palavra sempre têm somente uma finalidade: *buscar conhecer sua palavra para depois fazer a vontade de Deus Pai*. Isso, de fato, é a meta de toda e qualquer espiritualidade. É a prática de querer estar em sintonia com a vontade salvífica do Pai por Cristo no Espírito Santo. É mergulhar na própria santidade de Deus, que quer salvar a todos: *Santo, Santo, Santo é o Senhor.* A *Evangelia* é buscar e experimentar essa Santidade e continuar sua vontade para salvar e amar a todos.

A Palavra de Deus tem três finalidades na liturgia e na oração pessoal. Primeiro, *conhecer* Deus, *experimentar* seu amor e sua misericórdia e preparar uma *resposta concreta de* amor diante dos apelos de Deus que vêm por meio dessa Palavra. Conhecer – experimentar – responder. Não é somente conhecer Deus, mas deixar que Ele seja Deus conosco. E Deus é amor. Com o aumento de secularização, esse conhecimento e essa experiência do amor de Deus têm sofrido muito. Essa chamada para ter intimidade com Deus recentemente ficou anestesiada. Precisamos deixar que Ele novamente diga para nós quem é e o que quer fazer conosco. Precisamos redescobrir o fogo de amor mútuo entre Deus e nós, seus consagrados pelo batismo. E, no processo, temos de deixar que Deus amor seja tudo isso conosco. Deus não é impessoal, é *relacionamento-amor.* Deus sempre é amor, apesar de nossa santidade batismal ou nossas opções por ficarmos longe dele por meio do pecado. Às vezes, como é difícil deixarmos que Deus nos ame porque o mundo moderno diz que tudo tem seu preço, isto é, temos de merecer ou comprar o amor de Deus. Então tentamos merecer seu amor, mas nos distanciamos ainda mais porque, no fundo, duvidamos que Ele possa nos amar tanto. Não podemos merecer seu amor porque seu amor é graça. Sim, como precisamos redescobrir que Deus nos ama não por merecimento, mas por graça e por sua vontade livre! Deus quer nos amar e nos amar com uma paixão. É graça. É dom. É nosso Deus de amor.

Também na espiritualidade pessoal e comunitária, precisamos experimentar quanto Deus nos ama, procurar o silêncio de coração e acreditar, com fé, que Deus está nos amando aqui e agora. Não devemos buscar sentimentos como se fossem o sinal único do amor de Deus. Se sentimentos vierem, acolhamo-los. O *importante é a fé*, acreditar que o amor de Deus é graça e não merecimento. A espiritualidade é experimentar um amor de cada pessoa da Trindade e Jesus humano, com seu amor intenso, que nos dirige ao Pai e depois sopra sobre nós seu Espírito Santo de amor. Deus quer que experimentemos seu amor sempre, e não só de vez em quando. O perigo é que o mundo prega que somente o que experimentamos pelos sentimentos é o que vale. Alguns movimentos na Igreja insistem no sensível e fogem do silêncio do coração onde Deus está. Mas não é assim na oração de amor mútuo. Às vezes, na oração pessoal, sentimos essa presença amorosa de Deus e ficamos na secura da experiência da presença de Deus. *Mas Deus está nos dois acontecimentos e momentos*. Deus nos ama no sensível e na secura. Somente a fé *(Evangelia)* pode nos ajudar a enxergar sua presença nas duas realidades.

E diante do conhecimento e da experiência, vem nossa parte nesse diálogo de amor. Precisamos responder para o amor gratuito de Deus. A coisa mais feia no mundo é ser amado por alguém e não responder igualmente ao amor recebido. A maior resposta na *Evangelia* é ser uma criatura amada e oferecer esse reconhecimento de amor ao Criador. *E a maior resposta possível é a adoração*. É ficar imóvel diante do Criador, que já nos teve em sua mente até antes da criação do mundo e nos amou; em reposta queremos amar de todo o nosso coração esse mesmo Deus. E comunitariamente essa resposta seria na forma de culto ou liturgia em que juntos ficamos apaixonados pelo Deus, que nos amou como santos, pecadores e seus consagrados pelo batismo.

As outras respostas tradicionais são agradecer todas as graças recebidas; pedir perdão por nossos e os pecados do mundo; e, finalmente, pedir pelas necessidades pessoais, familiares, comunitárias e mundiais, especialmente em favor dos pobres e marginalizados, que sofrem e que Deus nunca quis que sofressem.

A comunidade busca perceber e celebrar os sinais da Copiosa Redenção, que, acontecendo, cada dia, entre eles, são um processo contínuo do amor de Deus aos membros do povo de Deus. Deus ama e salva *no concreto da vida*, e espiritualidade é celebrar na liturgia esses sinais de redenção acontecendo na Igreja e no mundo secular.

A comunidade, alimentada com a Palavra e a contemplação, reúne-se para celebrar Deus na Liturgia, especialmente na Eucaristia em que Cristo humano e Divino vem ao encontro da comunidade e oferece a seu Pai sua Encarnação, sua Paixão e sua Ressurreição em favor de seus consagrados pelo batismo. *É uma celebração de amor mútuo:* Deus e a comunidade.

Em resumo, a *Evangelia* é a prática da fé; é a busca da experiência do amor de Deus; é a busca de intimidade com Deus e Deus com os membros da comunidade de consagrados; a *Evangelia* é oração e liturgia; a *Evangelia* é culto e adoração. A *Evangelia* é deixar que Deus celebre seus filhos, que respondem celebrando Deus.

Koinonia

A segunda dinâmica para viver a espiritualidade batismal flui da primeira, *Evangelia*, e toca na essência de toda a espiritualidade cristã. Fala da segunda parte da aliança batismal. Depois de buscar amar a Deus *(Evangelia)*, vem o segundo mandamento para amar ao próximo *(Koinonia)*. A espiritualidade cristã nunca termina no amor exclusivo a Deus. Isso seria uma espiritualidade "intimista" que nos ensinamentos de Jesus simplesmente não serve. É uma espiritualidade morta. Foi a espiritualidade dos fariseus que Cristo condenou com força.

> Ai de vocês, mestres da lei e fariseus, hipócritas! Vocês dão o dízimo da hortelã e do cominho, mas têm negligenciado os preceitos mais importantes da lei: a justiça, a misericórdia e fidelidade. Vocês devem praticar estas coisas, sem omitir aquelas (Mt 23,23).

A espiritualidade precisa terminar no amor ao próximo, na vida concreta e com rostos concretos. Não fala de um amor intelectual. Não podemos amar a Deus intimamente sem terminar no amor ao próximo. Porque Deus é assim conosco. Seu amor não termina com as outras pessoas da Trindade. Deus vive e vibra com um amor Trinitário, que é *comunitário*. Deus Pai saiu de si mesmo para criar o universo, o homem e a mulher a sua imagem. Isso foi *Koinonia*. Jesus esvaziou-se, encarnou-se e morreu na cruz para nos salvar. Isso foi *Koinonia*. O Espírito Santo desceu e ficou com a Igreja no Pentecostes e fez seu templo em cada um de nós no batismo. Isso foi *Koinonia*. Portanto tanto a *Koinonia* como a *Evangelia* não falam de teorias bonitas, mas sim de amor concreto ao próximo na vida real. Koinonia *precisa ser encarnada para ser autêntica* e quer simplesmente continuar a Trindade no mundo de hoje.

Basicamente ela é o trabalho espiritual de formar uma comunidade de *esperança*, em que os irmãos são capazes de partilhar sua fé com a mesma meta de procurar a fidelidade na vivência da aliança de seu batismo. É perceber que, neste mundo secularizado, é muito difícil viver nossa fé e a aliança de nosso batismo sozinhos. Precisamos de outros para conseguirmos fidelidade na vivência de nossa consagração batismal. Sozinhos percebemos que não teríamos o dom de esperança, o bom exemplo e a força de outros. Por isso formamos uma comunidade de esperança ajudando uns aos outros na busca de fidelidade neste mundo, que não oferece muita ajuda e apoio espiritual. É um compromisso comunitário mútuo porque precisamos uns dos outros para vivermos nossa consagração. Sozinhos não conseguimos. É o trabalho de formar comunidade cristã para viver a *Evangelia* graças ao bom exemplo de outros. Isso não é nada fácil. Muitos movimentos na Igreja existem para criar esperança individual e comunitária, a fim de que a vivência de nossa fé e moralidade sejam possíveis.

Algumas qualidades evangélicas em uma comunidade com Koinonia

1 – *Acolhedora*

A primeira qualidade evangélica para viver a *Koinonia é que precisamos formar uma comunidade acolhedora*. Isso significa todo o trabalho, às vezes duro, de acolher a totalidade de todos os membros dessa comunidade de fé. Não podemos como Deus excluir ninguém que queira conviver sua fé conosco. Todos são na fé nossos irmãos em Cristo.

Primeiro, a *Totalidade* aqui significa que: todos possuem dois lados diferentes, mas um não pode existir sem o outro; a aceitação e o acolhimento de todas as coisas boas e bonitas em cada irmão, seus dons, seus talentos, seu passado, sua história espiritual, seus trabalhos dentro e fora da comunidade de fé, seu significado em nossa vida como dom de Deus. O perigo é ficarmos no superficial dos relacionamentos e pararmos de ver a imagem de Deus em nosso irmão, como uma fonte que pode nos levar à *Evangelia* e à experiência de Deus. Nosso irmão é uma fonte para conhecermos o próprio Deus. *Nosso irmão reflete o Criador.* Seus sinais positivos e dons vêm de Deus, e, observando-os e os apreciando, podemos ver e experimentar o amor de Deus. Como Jesus nos disse: "Quem me vê vê meu Pai". Podemos e devemos aplicar a mesma norma a nossos irmãos, que nos levam a ver o rosto de Deus Criador.

Segundo, quer viver uma comunidade acolhedora. *Koinonia* pede que acolhamos também todos os defeitos e pecados, as limitações físicas, espirituais e psicológicas de todos os nossos irmãos que convivem em uma comunidade de esperança. Começando conosco, não existem pessoas perfeitas, por isso não existem comunidades perfeitas porque os próprios membros são *imperfeitos.* A *Koinonia* é o trabalho duro de não dividir nossos irmãos acolhendo o bom neles, mas rejeitando suas deficiências. A *Koinonia* e a comunidade acolhedora significam que nós, como Deus em seu amor, precisamos aceitar *o pacote todo de nosso irmão*, aquela mistura fina de coisas positivas e negativas, e amar esse *pacote todo* como uma resposta concreta de nossa consagração batismal. Precisamos viver um amor conforme sugeriu São Paulo às comunidades cristãs:

> Ainda que eu fale as línguas dos homens e dos anjos, se não tiver amor, serei como o sino que ressoa ou como o prato que retine. Ainda que eu tenha o dom de profecia e saiba todos os mistérios e todo o conhecimento, e tenha uma fé capaz de mover montanhas, mas não tiver amor, nada serei. Ainda que eu dê aos pobres tudo o que possuo e entregue meu corpo para ser queimado, mas não tiver amor, nada disso me valerá.

> O amor é paciente, o amor é bondoso. Não inveja, não se vangloria, não se orgulha. Não maltrata, não procura seus interesses, não se ira facilmente, não guarda rancor. O amor não se alegra com a injustiça, mas se alegra com a verdade. Tudo sofre, tudo crê, tudo espera, tudo suporta. O amor nunca perece; mas as profecias desaparecerão, as línguas cessarão, o conhecimento passará (1Cor 13,1-8).

Tudo isso é *Koinonia*. Algo bem concreto. É vida.

2 - Ser perdoante

A segunda caracteriza, na prática espiritual da *Koinonia*, ser perdoante. Qualquer grupo espiritual humano é por natureza *imperfeito*, o qual se reúne para ser um apoio mútuo na vivência de sua consagração batismal, o que necessariamente inclui suas imperfeições pessoais e comunitárias. Qualquer comunidade cristã, tentando viver a *Koinonia*, é um grupo de imperfeitos que *assume suas fraquezas* e, com fé e esperança, caminha para viver a aliança do batismo com mais honestidade e com maiores realizações no amor a Deus e ao próximo.

Aqui entra a realidade bruta de qualquer comunidade cristã: *sendo imperfeitos, mais cedo ou mais tarde, nós vamos ofender uns aos outros.* Ninguém escapa dessa realidade na vivência da *Koinonia*. Nem a comunidade de Cristo com os doze apóstolos foi perfeita. Pedro negou Cristo três vezes; Judas o traiu; e até João, o "apóstolo de amor", teve de ser corrigido por Cristo, pois ele quis usar violência por não aceitar a pregação dele.

> Ao verem isso, os discípulos Tiago e João perguntaram: "Senhor, queres que façamos cair fogo do céu para destruí-los?" Mas Jesus, voltando-se, repreendeu-os, dizendo:

> “Vocês não sabem de que espécie de espírito vocês são, pois o Filho do homem não veio para destruir a vida dos homens, mas para salvá-los (Lc 9,54-55).

Com um pouco de reflexão orante e honestidade *(evangelia)*, podemos dizer que a maioria das ofensas, em qualquer comunidade, não é grande coisa. Se houver um espírito de generosidade em nosso coração, é fácil perdoá-las. A *Koinonia* exige um espírito de perdão e de reconciliação. Somos chamados a ser continuadores do perdão de Deus no meio da comunidade. É fácil viver isso como uma atitude constante? Não, não é fácil. E aqui a *Koinonia* exige a ajuda da espiritualidade da *evangelia* e a contemplação da misericórdia de Deus na vida do ofendido. *Sejam santos como o Senhor é Santo.* A *Koinonia* significa o processo de livremente abraçar o ofensor e perdoar-lhe. Assim Deus faz conosco. Sem descer até o íntimo de nosso coração na contemplação, para experimentarmos como Deus nos trata como pecadores, o perdão aos outros seria ou imperfeito ou até falso. E as parábolas de Jesus sobre como seu e nosso Pai age diante de nossos pecados foram revolucionárias e totalmente contra a pregação dos fariseus e sacerdotes daquele tempo. A ovelha perdida, a joia perdida e, sobretudo, o filho pródigo demonstram uma imagem nova e libertadora de Deus Pai. E o desafio da *Koinonia* é continuar essa mesma imagem com nossos coirmãos.

> E, levantando-se, foi para seu pai; e, quando ainda estava longe, viu-o seu pai, e se moveu de íntima compaixão e, correndo, lançou-se-lhe ao pescoço e o beijou (...)
> E ao filho mais velho, que não quis perdoar a seu irmão, o Pai disse:

> Mas nós tínhamos de celebrar a volta deste seu irmão e alegrar-nos, porque ele estava morto e voltou à vida, estava perdido e foi achado (Lc 15,2-32).

Em todas essas parábolas, Jesus tentou nos mostrar como seu e nosso Pai exerce a virtude da *Koinonia* e nos convidar a viver o mesmo.

Repetimos que a maioria de ofensas contra nós *não são grandes coisas*, mas pode haver uma ofensa muito maior e muito mais séria, como, por exemplo, o pecado de calúnia, isto é, uma mentira contra um de nossos irmãos, que destrói seu bom nome – e como é difícil recuperar o bom nome de alguém destruído pela calúnia! Essa situação não é nada fácil de perdoar. Jesus também, em sua humanidade, sofreu muitas calúnias até o ponto de dizer que "ele expulsa demônios pelo demônio Belzebu". Como essas calúnias tocaram e machucaram a pessoa de Jesus porque estavam atacando seu bom nome e a pessoa de seu Pai. Somente *um processo de perdão*, que não vem de uma vez, pode recuperar uma situação de *koinonia* no coração da pessoa ofendida e também na comunidade.

No contexto de *Koinonia* e na questão de perdão, o grande problema é o *problema do quilo*. Vamos dizer que a ofensa recebida pesa na realidade somente um quilo. Não é grande coisa. Mas a tendência humana é *revivê-la e remoê-la*. E, cada vez que a remoemos, aumentamos um quilo. Só que os quilos extras não são verdades, e sim são inventados por nós mesmos. O que era de fato um quilo, de repente, aumentamos para dez quilos, que é muito mais difícil de perdoar. Somente em um momento de confronto pacífico na oração *(evangelia)* é que podemos perceber que *precisamos de conversão* e temos a necessidade de “perder nove quilos” para voltarmos à verdade do peso da ofensa. E assim podemos, com calma, perdoar a nosso irmão.

Diakonia

A *Diakonia* é, na tradição cristã, qualquer serviço que está administrado gratuitamente em favor do próximo ou da comunidade. Diante da graça recebida por tudo que Deus tem feito por nós, sentimos a necessidade de promover a caridade. *A Diakonia é a prática da caridade.* A *Diakonia*, a caridade e a missão são palavras inseparáveis. Sua visão, segundo a Bíblia, é a seguinte: uma prática que foi característica singular das primeiras comunidades cristãs que testemunhavam sua fé por meio da vivência solidária.

> Vendendo suas propriedades e bens, distribuíam a cada um conforme sua necessidade. Todos os dias, continuavam a reunir-se no pátio do templo. Partiam o pão em casa e juntos participavam das refeições, com alegria e sinceridade de coração, louvando a Deus e tendo a simpatia de todo o povo. E o Senhor lhes acrescentava diariamente os que iam sendo salvos (At 2,44-45).
>
> Da multidão dos que creram, uma era a mente e um o coração. Ninguém considerava unicamente sua coisa alguma que possuísse, mas compartilhavam tudo o que tinham (At 4,32-35).

O fundamento da *Diakonia* reside nos ensinamentos de Jesus Cristo. É o resultado necessário que flui da prática da *Evangelia e Koinonia.* De fato, a prática da *Evangelia e Koinonia*, sem terminar em atos concretos de *Diakonia*, seria falsa.

Cristo ensinou que só seria possível um amor a seu Pai se ele se estendesse ao próximo (1Jo 4,20). Ensinou também que amar o próximo consiste em uma ação que promove a dignidade humana de nossos irmãos, que vêm da filiação Divina no batismo. Por essas e outras motivações citadas na Bíblia, todos os batizados, em nome de Cristo, são desafiados a testemunharem o amor de Deus não apenas em discursos, mas também *na prática solidária* com e entre as pessoas a seu redor. De novo, não estamos falando de teorias, mas sim de vida concreta, de pessoas concretas, com rostos concretos. Esse testemunho solidário e prático se chama *Diakonia*. E praticá-la é agir motivado pelo amor a Jesus, porque "O que faz a eles, faz a mim". As ações concretas de amor, serviço e doação, sem esperar nada em troca, são a *Diakonia*, que reflete perfeitamente Cristo em sua missão no mundo. É uma continuação de Cristo encarnado, que veio para servir e não ser servido. Sua motivação ou seu serviço é o amor em imitação do amor da Trindade em nossa vida. Recebemos o amor gratuitamente (graça), por isso queremos doá-lo na mesma maneira da Trindade: gratuitamente. Deus é amor, é serviço, é doação que conhecemos por meio da contemplação na *Evangelia*. Sem primeiro *conhecermos e experimentarmos a Diakonia de Deus* em nossa vida será difícil viver a *Diakonia* para nosso próximo. Eis o elemento de novo da contemplação do amor de Deus primeiro e só depois algum serviço em imitação de Deus. A *Evangelia*, a *Koinonia* primeiro e só depois a *Diakonia*. Uma depende da outra, mas sempre começa com o relacionamento profundo com Deus na *evangelia*, na oração, na contemplação do amor de Deus e graça em nossa vida.

O primeiro destinatário de nossa *Diakonia*, amar e servir, é nosso amor a Deus. *Amarás o Senhor teu Deus de todo o seu coração.* Esse amor precisa de sinais concretos, exige nossa doação e disciplina, para amar a Deus na oração e na liturgia *(Evangelia).*

O segundo destinatário da *Diakonia* são nossos coirmãos na comunidade de fé e no mundo todo. O amor a Deus precisa terminar no amor ao próximo. Mais uma vez não em teorias bonitas, mas em atos concretos de amor e doação de si. *Jesus lavou os pés dos discípulos; Jesus curou os doentes; Jesus deu pão aos famintos; Jesus perdoou aos pecadores; Jesus consolou os que sofreram. Jesus doou sua vida por nós na cruz.* Tudo isso foi *Diakonia.*

O terceiro destinatário é o povo de Deus, que servimos no apostolado, sobretudo *os mais pobres e necessitados.* Isso foi a opção clara de Jesus nos Evangelhos. *O Espírito me mandou para pregar a Palavra aos pobres*. A *Diakonia* é uma tentativa de aliviar os sofrimentos físicos e espirituais de nossos irmãos necessitados.

> O Espírito do Senhor está sobre mim, porque ele me ungiu para pregar boas novas aos pobres. Ele me enviou para proclamar liberdade aos presos e recuperação da vista aos cegos, para libertar os oprimidos" (Lc 4,18).

A força atrás da *Diakonia* é um amor evangélico, isto é, baseado no amor Trinitário, que nos amou primeiro. Descobrindo na contemplação como Deus nos amou por graça, Ele nos chama à conversão *na maneira que amamos uns aos outros.* Sem a motivação do amor, a *Diakonia* será falsa. Não produzirá efeitos que demonstram, por meio de nossos serviços, o "rosto do Criador, Cristo e o Espírito Santo". Faltaria o amor que cria e santifica.

A maneira de o Pai amar o Filho e o Filho responder ao amor do Pai, que é o Espírito Santo, a comunidade tenta realizar na comunidade e no apostolado. É um amor que exige um sair de si para doar-se em uma forma criativa. Exige a contemplação para descobrir que maneira Deus nos tem amado em nossa história particular e querer ser uma continuação da *Diakonia Divina em nossa vida concreta*. A inspiração do amor de Cristo, Encarnação/Eucaristia/Paixão (doação radical), precisa ser nossa inspiração em todos os nossos serviços. A *Diakonia* começa na contemplação de Deus, que é amor e doação.

Conclusão sobre as três dinâmicas

Então as três dinâmicas se baseiam nas grandes virtudes cristãs: *Evangelia* promove a fé; *Koinonia* promove a esperança; e *Diakonia* promove a caridade.

Esses três elementos nos colocam em uma dinâmica vertical e horizontal.

A *Evangelia* é a dinâmica vertical porque está dirigida a Deus. É todo o nosso esforço de comunhão amorosa com Ele. Exige-nos oração e contemplação, momentos de silêncio para estar com e em Deus.

A *Koinonia* e a *Diakonia* são as dinâmicas que nos dirigem ao horizontal. São todos os nossos esforços para formar uma comunidade cristã *(Koinonia)*, mas também uma comunidade como a Trindade, que precisa sair de si mesma para servir o povo de Deus, especialmente os mais necessitados *(Diakonia)*.

Nossa vocação básica vai determinar a predominância de uma ou de outra dinâmica. Os contemplativos, os religiosos e os sacerdotes devem priorizar mais *o vertical*. A oração pessoal e comunitária são essenciais. É preciso parar diariamente e "subir à montanha" para estar na presença de Deus. Há a necessidade de mais intimidade com Ele. Os que vivem uma missão apostólica *(Evangelia e Diakonia)* concentram-se mais *no horizontal* como sacerdotes, leigos comprometidos e discípulos missionários do reino.

Temos de praticar todas as *três dinâmicas* para sermos autênticos na vivência de nosso batismo. Não podemos ser autênticos missionários do reino *(Koinonia e Diakonia)* se faltar encontro com Deus *(Evangelia)*. A vivência das três dinâmicas exige a ajuda uma da outra. Pessoalmente, sinto que houve um retrocesso nesse processo das três dinâmicas, especialmente na prática da *Evangelia*. Com os efeitos da secularização e tantas distrações, há menos busca da intimidade com Deus na oração pessoal *(Evangelia)*. E com tanta atividade sem primeiro buscar essa intimidade, mais cedo ou tarde, vai faltar a motivação do amor autêntico em nós quando praticarmos *Koinonia* e *Diakonia*. O desafio é construirmos uma espiritualidade que nos leve a viver o vertical (Deus) e o horizontal (meus irmãos). Deus está presente nas três dinâmicas e quer nos amar nelas. Depois nos convida para sermos seu ser profético de amor com todos. Somos reflexos proféticos de Deus por meio da prática de *Evangelia, Koinonia e Diakonia.*

IV CONTEMPLAÇÃO

A espiritualidade cristã, por séculos, colocou toda a ênfase em nosso amor a Deus, como se tudo dependesse de nós; assim criamos de fato uma espiritualidade egocêntrica, senão intimista. Nós ficamos no meio da oração, e Deus, consequentemente, ficou preso dentro de nossos caprichos, nossas determinações, nossos medos e preconceitos. Mas a oração contemplativa indica o oposto, a ênfase está *em quanto Deus nos ama*. A Contemplação é *Deus cêntrica*. Os grandes místicos nos ensinaram que o centro de toda espiritualidade é experimentar o quanto Deus nos ama. *Deus é quem age, Deus é quem inicia o processo de amor, é Deus quem nos seduz. É Deus quem nos chama a experimentar seu amor e nos convida a responder para seu amor*. O Profeta Jeremias indicou isso claramente dizendo:

> *Seduziste-me, o Senhor, e deixei-me seduzir* (Jr 20,7).

E São João disse:

> Foi assim que Deus manifestou seu amor entre nós: enviou seu Filho Unigênito ao mundo, para que pudéssemos viver por meio dele. Nisto consiste o amor: não fomos nós que amamos a Deus, mas foi Ele que nos amou e enviou seu Filho como propiciação por nossos pecados. (1Jo 4,9-10).

E Santo Agostinho, em uma forma mais contemplativa e bela, escreveu:

> Tarde te amei, ó beleza tão antiga e tão nova! Tarde demais eu te amei! Eis que habitavas dentro de mim, e eu te procurava do lado de fora! ... Estavas comigo, mas eu não estava contigo. Retinham-me longe de ti as tuas criaturas, que não existiriam se em ti não existissem. Tu me chamaste, e teu grito rompeu a minha surdez. Fulguraste e brilhaste e tua luz afugentou minha cegueira. Espargiste tua fragrância e, respirando-a, suspirei por ti. Tu me tocaste, e agora estou ardendo no desejo de tua paz... Jesus me seduziu e me deixei seduzir. Fui conquistado pelo amor de Cristo a mim.[4]

Então, toda contemplação começa com a iniciativa de Deus. Como é difícil, neste mundo secularizado e pós-moderno, superar nossa própria prepotência e nosso orgulho pensando que somos nós que estamos no centro, no controle e na iniciativa. A conversão na humildade é o primeiro passo na busca de rezar a oração de contemplação. Somente uma vivência da humildade evangélica pode nos libertar do orgulho, para podermos acolher que Deus está no centro e não nosso "eu". A contemplação começa e termina no desejo de devolver a Deus a maneira que nos amou primeiro. Ele está no controle da contemplação motivada por seu amor gratuito.

> Há muito que o Senhor me apareceu dizendo: "Eu te amei com amor eterno; com amor leal o atraí" (Jr 31,3).

---

[4] Santo Agostinho, Confissões, 10,27-29.

Há ainda outro erro que nós precisamos corrigir. Por séculos, o pensamento foi que o dom da contemplação foi reservado exclusivamente para monges e consagrados religiosos na Igreja. Os sacerdotes diocesanos e leigos simplesmente foram excluídos disso. Não foram "convidados" para conseguirem a prática desse dom especial de Deus. Isso se tornou um monopólio dos privilegiados religiosos por séculos.

Agora, entendemos que o dom de contemplação é *universal*, para iniciar e realizar um profundo relacionamento de amor e amizade mútuos com Deus. Todo batizado recebe, no dia de seu batismo, o dom da contemplação para buscar intimidade com Ele. No batismo, Deus nos abraçou com seu amor e iniciou com todos nós o dom de experimentar seu amor diariamente e responder para seu amor. Desde a criação, Deus quis falar intimamente *face a face* com suas criaturas feitas a sua imagem. Face a face seria um sinônimo para a oração de contemplação (Gn 2-3).

Deus nos convida a iniciarmos uma jornada para entrarmos em seu interior, conhecer e experimentar seu amor incondicional, sua misericórdia sem limite e a transformação lenta de nossa pessoa em seu ser e no agir. A contemplação de Deus nos transforma na Pessoa do contemplado. É Deus quem toma a iniciativa. Ele bate à porta de nosso ser mais íntimo e pede entrada. Só nós podemos abri-la. E isso será o começo da oração de contemplação e intimidade com Deus.

> Eis que estou à porta e bato; se alguém ouvir minha voz e abrir a porta, entrarei em sua casa, e com ele cearei, e ele comigo (Ap 3,20).

Toda oração é abertura para a presença de Deus em nós e o caminho para conseguir a intimidade com Ele. A oração fala de relacionamento íntimo com Deus, que não tem limites e apresenta para os batizados a possibilidade de o conhecermos e o experimentarmos. A contemplação cristã nunca deve ser simples meditação sobre algum assunto (usando só a mente), mas sim aprofundar um relacionamento com alguém, que é Deus, que quer que esse aprofundamento de relacionamento aconteça. Seu amor a *nós é o ponto de partida n*a oração contemplativa. No começo da oração de contemplação, Deus já está presente querendo esse relacionamento.

> Se tiveres de atravessar pela água, contigo estarei e a inundação não te vai submergir! Se tiveres de andar sobre o fogo, não te vais queimar, as chamas não te atingirão! Pois eu sou o SENHOR, teu Deus, o Santo de Israel, teu Forte! Para pagar tua liberdade eu dei o Egito! Para ficar contigo, entreguei a Etiópia e Sabá! Pois és muito precioso para mim (...) Não tenhas medo, estou contigo! (Is 43,3-5).

O potencial contemplativo é a capacidade de, pouco a pouco, aumentar a intimidade com Deus e Deus conosco. E o resultado da oração de contemplação é que nós, cada vez mais, tornamo-nos quem nós contemplamos. Assumimos, depois da intimidade, o ser e o agir de Deus. É um profundo olhar mútuo entre o Pai (Tu) e nós (Eu), isto é, nós olhando e amando a Deus, e Ele olhando para nosso "verdadeiro eu" e amando a nós, que somos, ao mesmo tempo, santos e pecadores. Deus nos ama exatamente como somos, sem exigências. Jesus não recusou essa possibilidade de um olhar profundo mútuo a ninguém, nem mesmo aos que foram considerados os piores pecadores: os publicanos ou cobradores de taxas em favor dos conquistadores romanos. Jesus chamou um deles para ser até um membro de sua comunidade ou Rabinato, Levi que mais tarde foi chamado Mateus.

> Estando Jesus em casa, foram comer com ele e seus discípulos muitos publicanos e pecadores (Mt 9,10).
> Passando por ali, viu Levi, filho de Alfeu, sentado na coletoria, e disse-lhe: "Siga-me". Levi levantou-se e o seguiu (Mc 2,14). Levi levantou-se, deixou tudo e o seguiu (Lc 5,28).

A oração contemplativa, pouco a pouco, afasta-nos do Deus que nós inventamos (mente) e nos ajuda encontrar o verdadeiro Deus, que ainda não conhecemos profundamente e que quer um relacionamento de intimidade conosco (fé). De repente, em nosso crescimento espiritual, nós reconhecemos que, no passado, experimentamos Deus por meio de nossas próprias limitações humanas. Nossa oração refletiu nossas ideias de Deus e, enquanto crescemos, começamos a perceber que essa imagem evoluiu e foi purificada. Deus tem permissão para tomar controle na contemplação e se revela a nós como Ele realmente é. Todo ser humano tem a potência de um relacionamento com Deus, e Deus quer a transformação de cada um de nós em sua essência.

> Assim conhecemos o amor que Deus tem por nós e confiamos nesse amor. Deus é amor. Todo aquele que permanece no amor permanece em Deus, e Deus nele (1Jo, 4,16).

> Vejam como é grande o amor que o Pai nos concedeu: sermos chamados filhos de Deus, o que de fato somos!

> (...) Amados, agora, somos filhos de Deus, e ainda não se manifestou o que havemos de ser, mas sabemos que, quando ele se manifestar, seremos semelhantes a ele, pois o veremos como ele é (1Jo, 3,3-4).

Muitos de nós, infelizmente, fomos ensinados *somente a meditar*. Não recebemos quase nenhuma orientação sobre a oração de contemplação. A grande diferença entre a meditação e a contemplação está na resposta a esta pergunta: "Quem está no meio da oração? Quem está ocupando o lugar central de nossa atenção?" Na meditação, nosso "EU", e até nosso "falso eu", está no meio da oração, e nosso círculo está fechado em nós mesmos. A meditação pode ser muito intelectual e manipuladora, criando e defendendo nossa imagem fixa e, possivelmente, falsa de Deus. O círculo fechado não permite que Ele venha a nosso encontro para revelar seu verdadeiro ser e agir. Na meditação, "*pensamos*" sobre Deus, mas não necessariamente "*falamos*" com Deus. É mais um exercício intelectual do que um encontro entre dois amantes. Pior, na meditação, estamos no controle da oração, determinamos o assunto e não estamos abertos para acolhermos a direção do Espírito Santo em nossa busca de relacionamento com Deus. Quando o Espírito Santo apresenta um assunto que nos incomoda ou que exige conversão, na meditação, simplesmente, trocamos o assunto para algo que não nos compromete com Deus nem com nossos irmãos. Na meditação, podemos cair em certo conservadorismo em que insistimos que Deus seja o que aprendemos anos atrás e que não exige que nos desfaçamos das imagens erradas sobre Ele. Ficamos estacionados no tempo com as imagens infantis de um Deus que não mexe conosco nem nos chama à conversão. Muitos ainda meditam sobre algumas imagens falsas de um Deus juiz, vingador e castigador. No fundo, há medo de Deus.

> "No amor não há medo; ao contrário, o perfeito amor expulsa o medo, porque o medo supõe castigo. Aquele que tem medo não está aperfeiçoado no amor" (1Jo 4,18).

E Deus na meditação fica o tempo todo à margem sem entrada em nosso interior. Ele bate à porta, mas não abrimos para que Ele possa entrar.

E, como já foi dito, a pior possibilidade da meditação é que não exige de nós conversão no ser e no agir de Deus. Não permitimos que a palavra nos chame à conversão. Não crescemos no amor a Deus e ao próximo. Não queremos ser incomodados.

Em conclusão, a meditação é boa e necessária para chegar até um estágio de contemplação, mas para quem quer progredir na intimidade com Deus Pai e o discipulado de Cristo *a meditação não é suficiente*. Ela não sustenta uma vida de intimidade e relacionamento mútuos. Precisamos passar para a contemplação que é mais desafiante e exige conversão na Pessoa do Deus contemplado. O monge Anselmo Grün descreve o perigo que a pura meditação pode apresentar:

> (...) porque por natureza nós queremos fixar-nos em nós, e preferimos usar Deus como instrumento de nossa perfeição a entregarmo-nos a ele com nossas imperfeições. Nós atribuímos demasiada importância a nós mesmos, a nossas ideias e nossos sentimentos, a nossas preocupações e nossos problemas, e custa-nos deixar que Deus entre em contato íntimo conosco, que só ele passe a ter importância.[5]

[5] Anselmo Grün. *As exigências do Silêncio*, p. 52.

A oração de contemplação

Voltamos para aquela pergunta básica sobre a oração: "Quem está no meio e no lugar central da oração?" Na contemplação, *Deus está no meio da oração* e abre seu coração para nos convidar a entrar para conhecermos e experimentarmos seu amor, e nós permitimos que Ele dê um olhar profundo para toda a nossa realidade santa e pecadora. A contemplação é um olhar mútuo de amor, de carinho e de compromisso.

Nela, Deus está no meio da oração. Parece tão fácil dizer isso, mas é a coisa mais difícil que alguém, querendo crescer no amor a Deus, precisa conquistar. Exige todo um processo de deixar ao lado todos os nossos preconceitos e as imagens falsas que inventamos de Deus na vida. É darmos licença para Deus ser Deus conosco; é experimentarmos em todo o nosso ser que "Deus é amor". "*Assim conhecemos o amor que Deus tem por nós e confiamos nesse amor. Deus é amor. Todo aquele que permanece no amor permanece em Deus, e Deus nele*" (1Jo 4,16)

A alegria da contemplação vem da realização interior de união de amor com Deus, que nos dá a coragem de aprofundarmos e acreditarmos nessa união de amor e de relacionamento. A alma em si é uma imagem de Deus tão forte que podemos até nos agarrar a Ele e sermos possuídos por Ele. E é Ele que mais deseja essa união de amor. Como é difícil entender isso quando nós nos julgamos indignos desse amor ou queremos tentar *merecer essa sua graça*. Mas Deus Pai, vendo-nos em toda a nossa miséria humana e também bondade, convida-nos a mergulhar em seu amor, que não tem preço nem condições. É graça, por isso, mesmo que não mereçamos, podemos acolhê-la e experimentá-la na fé. Isso é crer em seu amor, permitir que nos ame como Ele quer, eliminando, pouco a pouco, os obstáculos que colocamos diante de seu amor. É todo um processo de querer mudar no ser e no agir de Deus; a contemplação de Deus é um processo de conversão.

Quando o contemplamos com frequência, nossa autonomia e nossa própria importância começam a diminuir. Começamos a desmontar, pouco a pouco, nossa identidade falsa que tentamos, no passado, apresentar a Deus na oração. Nosso "falso eu" funcionou com a necessidade *de ganharmos o amor de Deus*, parecermos "bons" diante dos outros e apresentarmos uma autoimagem correta. Vivemos a espiritualidade de cima para baixo. Todas essas defesas começam, com a dor de conversão autêntica, a desaparecer na contemplação; finalmente podemos aparecer "nus" diante da graça de Deus. "O homem e sua mulher viviam nus, e não sentiam vergonha" (Gn 2,25). Começamos a acolher que o amor de Deus *é graça*. Não podemos merecer essa graça por meio de minha falsa imagem ou meus esforços próprios. É dom. E *Deus quer me dar esse dom.* Somente meu "verdadeiro eu", santo e pecador, pode acolher essa graça.

Começamos a perceber na oração de contemplação que nossa imagem falsa se revela como desnecessária, que serviu somente para autodefesa ou autopromoção. Descobrimos que os princípios do mundo egocêntrico, secularizado e científico não funcionam na oração de contemplação. Nosso " falso eu" começa a se revelar como uma criação de nossa própria mente. E, quando temos a coragem de derrubar essa falsa imagem, descobrimos nosso verdadeiro "eu" e o verdadeiro ser de Deus. Agora a oração passa a ser um encontro entre o verdadeiro "TU" com nosso verdadeiro "EU". E assim a graça do amor mútuo acontece. Só podemos amar um verdadeiro Deus com nosso verdadeiro eu. Aquele Deus está nos abraçando com amor nosso *verdadeiro eu* santo, mas também limitado, fraco e pecador. Descobrimos um Deus amante e apaixonado por nós, não porque merecemos, mas *porque Ele quer nos amar por graça*. Ponto. E a força da palavra "graça" começa a funcionar como o caminho de intimidade com o Deus, que me amou primeiro e que de fato nos amou até antes da criação do mundo. Antes de nosso nascimento, Deus já nos teve em seu abraço de amor. *Eu te amei com um amor eterno* (Jr 31,3).

A contemplação é, apesar de nossos pecados, quando vamos ao encontro de Deus, descobrirmos que seu amor nunca mudou diante de nossas infidelidades. Ele continua sendo apaixonado por nós e a nos amar, cura-nos, impulsiona-nos a viver com maior responsabilidade a aliança de amor que mutuamente fizemos no dia de nosso batismo. É um momento chave de experimentar o amor e a misericórdia de Deus.

Oposto da meditação, em que podemos somente pensar sobre Deus, na contemplação Deus nunca fecha seu círculo de amor para nós. Ele é eternamente aberto para nos acolher quando buscamos essa intimidade com Ele. O Pai quer nos convidar a entrar em seu coração como somos: santos e pecadores.

Como foi revelado em toda a Bíblia, Deus sempre toma a iniciativa para cultivar amizade, e mais, "namoro", como diria Santo Afonso. Convida-nos a entrar em seu interior para que possamos conhecer, experimentar e responder a seu amor incondicional. A contemplação é o processo da amada que se encontra com seu *Amante Divino*. É uma troca de corações. Deus se oferece a nós e nós a Deus. A contemplação é um diálogo amoroso, é uma troca de sinais visíveis do amor mútuo entre Deus e seu batizado e consagrado, é a necessidade de responder ao amor Divino, assumindo não em teoria, mas na vida a conversão no mesmo ser e agir de Deus. E Deus é amor.

Como exercer a oração de contemplação?

Aqui há um simples método, para conseguir a oração mais profunda, ensinado pelo monge Thomas Keating. Precisa somente *vinte minutos por dia* para praticar esse caminho. E, sendo sincero, cada um de nós pode achar esses vinte minutos a cada dia. Isso exige a coragem de honestamente largarmos todas as nossas distrações, que nos impedem o primeiro passo da contemplação, isto é, *o silêncio de coração*. O monge aconselha:

1. Sente-se quieto e relaxado, com a coluna ereta. Use uma cadeira ou fique no chão na posição tradicional de Buda. O importante é que a posição seja *confortável* e lhe permita ficar tão imóvel quanto possível em sua oração, pois a quietude do corpo favorece a quietude do espírito.

2. Tranquilize-se na fé e no amor a Deus, que já está presente em seu templo e habita no centro de seu ser. Deus sempre está presente, nós é que somos insensíveis a captar e acolher sua presença. Respire suavemente, acalme-se na presença do Senhor, que o ama e espera entrar em comunhão com você.

3. Escolha uma palavra sagrada (por exemplo: Jesus, Pai, Amor, Paz, Fé etc.) e deixe-a presente em todo o seu ser. Não perca muito tempo escolhendo-a, pois você não vai se concentrar em seu significado, nem vai ficar refletindo sobre ela. Ela servirá como uma âncora, para o "segurar" na Presença do Senhor. Peça ao Espírito Santo que o ilumine nessa escolha, que será, a partir de então, sua palavra sagrada naquela contemplação.

4. Quando vierem distrações (sentimentos/imagens/culpa, preocupações etc.), *calmamente* volte a rezar sua palavra sagrada. Faça isso sem violência a si mesmo.

5. Tente deixar que Deus o ame sem condições, em toda a sua realidade de santo e pecador. Coloque-o no centro, entre no diálogo amoroso, amando e sendo amado por Ele.

6. No fim da oração, fique, por alguns momentos de silêncio, com olhos fechados. Que seja um momento sagrado de amor mútuo.

O monge Thomas sugeriu que se pode usar essa pequena oração para iniciar a contemplação:

> Meu Senhor, essa Palavra Sagrada é minha intenção de permanecer em tua presença nessa oração. Por meio dela, eu consinto tua Presença e Ação em minha vida e abro mão de todos os meus "projetos pessoais" para a felicidade. Procurando apenas me aquietar e desapegar-me de meus pensamentos, incluindo minhas emoções, abro-me à escuta e a tua presença amorosa em minha vida. Amém.[6]

Apresentamos outro sistema de contemplação até mais simples.

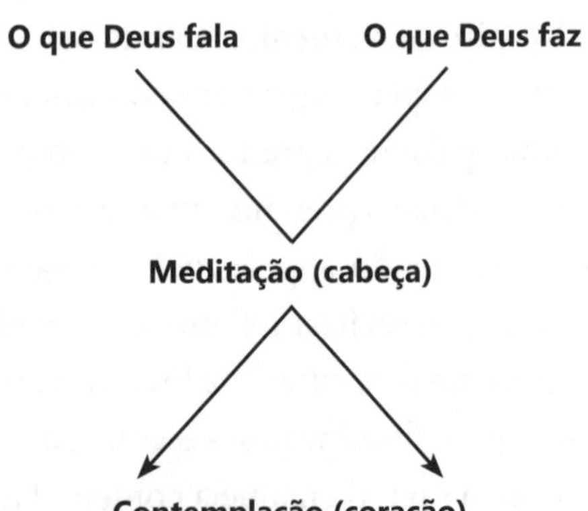

Deixemos que Deus fale e faça a mesma coisa conosco
Deixemos que Deus seja Deus com você

---

[6] Cf. www.oracaocentrante.org

1. Tente achar seu "lugar santo", o lugar onde mais se sente em paz. Cada um é diferente. Alguns o acham diante do Santíssimo. Outros, no quarto. Outros, na natureza. É seu lugar! Quando for passar seus vinte minutos com Deus, busque-o. Não pule de lugar em lugar. Seria impossível contemplar com tantas distrações. Tente tomar uma posição confortável. Respire fundo várias vezes.

2. Nos primeiros momentos, tente entrar na disciplina de sossegar-se de tantas distrações. Pouco a pouco, tire suas preocupações e comece a colocar Deus no meio de sua oração.

3. Depois faça um ato de fé, pois Deus quer estar com você, porque o ama, e você quer estar com Ele. Deixe esse desejo tomar conta de todo o seu ser. Você é um amado de Deus.

4. Depois leia a Bíblia, que é a maior fonte para conhecer e experimentar Deus. A Bíblia simplesmente revela para nós o interior de Deus. A Palavra revela seu ser e agir mais íntimos. Leia *devagar* o texto escolhido e depois deixe que a Palavra fale a seu coração.

5. Concentre naquilo que Deus *fala e faz* no texto por meio de ações ou gestos (por exemplo, Jesus *tocou* no leproso). Preste atenção aos *verbos*. Estamos usando a cabeça, ainda estamos na fase de meditação. Estamos começando a entrar no ser e no agir de Deus, em seu interior. Deus está se revelando por meio de suas palavras e ações.

6. Agora, em profundo silêncio, pare de usar a cabeça, mergulhe no amor de Deus e deixe que Ele *fale e faça a mesma coisa com você*. Já está na oração de contemplação. Já mergulhou no coração de Deus, que se revelou a você por meio de sua Palavra e ação. Abra a porta para que Deus possa entrar e ser Deus

com você. Não coloque resistências, como não "mereço" seu amor ou "sou pecador, por isso Ele não pode me amar tanto". *Simplesmente deixe que Deus seja Deus com você. E Deus é amor.* Que seja um momento de profundo amor mútuo.

7. Finalmente, você deve acolher os apelos de conversão que Deus pode pedir no meio desse encontro "entre duas pessoas apaixonadas" (Santo Afonso). Acolha o pedido de "seja santo como Eu sou Santo". Não acolha seus pedidos de conversão como obrigação, mas como *uma resposta de amor para quem o amou primeiro.*

Apresentamos a última maneira de rezar a contemplação que Cristo mesmo nos apresentou no sermão da montanha. Claro que muitas das coisas já ditas serão repetidas, mas o interessante é a maneira que Cristo humano praticou por si mesmo e depois nos ensinou sua maneira de contemplação. *Nós vimos você rezar. Ensina-nos a rezar,* disse seus discípulos.

O Método de Jesus em São Mateus

Jesus, no sermão da montanha, apresentou para nós outra maneira de rezar a oração de contemplação.

> E, quando vocês orarem, não sejam como os hipócritas. Eles gostam de ficar orando em pé nas sinagogas e nas esquinas, a fim de serem vistos pelos outros. Eu asseguro que eles já receberam sua plena recompensa. Mas, quando você orar, vá para seu quarto, feche a porta e ore a seu Pai, que está em secreto. Então seu Pai, que vê em secreto, o recompensará. E, quando orarem, não fiquem sempre repetindo a mesma coisa, como fazem os pagãos. Eles

> pensam que por muito falarem serão ouvidos. Não sejam iguais a eles, porque seu Pai sabe do que vocês precisam, antes mesmo de o pedirem. Vocês, orem assim: Pai nosso, que estás nos céus... (Mt 6,5-8).

Cristo disse que não podemos rezar a seu Pai sem primeiro possuirmos um coração sincero. A contemplação e amizade profundas precisam do elemento da *sinceridade*, que significa que nossa motivação para rezar somente pode ser para amar a Deus de todo o nosso coração. A contemplação nunca pode ser motivada pelo desejo de ser visto pelos homens, como os hipócritas fariseus fizeram com tanto orgulho. *Já receberam sua recompensa*. Assim Deus ficaria à margem e ignorado. Nosso "eu" tomaria o lugar central.

> Quando vocês rezarem, não sejam como os hipócritas, que gostam de rezar em pé nas sinagogas e nas esquinas, para serem vistos pelos homens (Mt 6,5).

E o segundo sentido de sinceridade é um desejo honesto para buscar sempre a *vontade do Pai*. Isso foi central nos ensinamentos de Jesus e na prática de contemplação em geral.

> Por essa razão, ao entrar no mundo, Cristo declara: "Não quiseste vítima nem oferenda, mas formaste um corpo para mim. Não foram de teu agrado holocaustos nem sacrifícios pelo pecado. Então eu disse: Eis que eu vim, ó Deus, para fazer tua vontade, como no livro está escrito a meu respeito". Na frase inicial, ele disse: "Não quiseste, nem foram do teu agrado, vítimas e oferendas, holocaustos e sacrifícios pelo

pecado" – coisas oferecidas segundo a Lei. E então declarou: "Eis que eu vim para fazer a tua vontade" (Hb 10,5-9).

Esse desejo de conhecer e executar a vontade do Pai precisa ser nossa atitude básica quando entramos na busca de união com o Pai na contemplação. E precisa ser motivado pelo amor sincero ao Pai por Cristo e em união com o Espírito Santo. As três pessoas da Trindade sempre estão presentes na oração de contemplação.

Precisamos da dupla dinâmica de querer *escutar e responder*. Portanto, segundo Cristo, é importantíssimo que purifiquemos nossas motivações antes de iniciarmos a oração de contemplação. Somente uma atitude de amor mútuo, dentro da qual descobrimos o querer do Pai, que nos amou primeiro, pode nos ajudar a entrar no interior de Deus, que agora nos convida a responder. Falamos de uma atitude de escuta, do quanto Deus nos ama, que consequentemente exige de nós também uma resposta de amor.

Jesus aconselha que precisamos *entrar em nosso quarto*. Isso é a necessidade de buscarmos, com disciplina, uma atitude de silêncio de coração. É impossível nos encontrarmos com os membros da Trindade sem um espírito de recolhimento. Este é uma busca de paz interior que exige uma atitude de silêncio, que facilita a união amorosa mútua.

O "quarto", mencionado por Cristo, refere-se a nosso interior ou a nosso "coração". A contemplação é uma viagem para dentro de nós mesmos, para ficarmos na presença amorosa e redentora de Deus, que está em nosso templo interior, desde o dia de nosso batismo. "O coração" significa o lugar para nos encontrarmos com Deus, conhecermos e experimentarmos sua pessoa que nos ama. Sem silêncio, esse processo simplesmente não acontece, porque ficamos sempre *fora do quarto* com nossas distrações, preocupações e com a "adoração" de nossos deuses falsos: materialismo, prazer e poder, que não permitem que alcancemos o silêncio interior. Entrar no quarto do coração é uma opção clara para pararmos nossa vida frenética, estarmos em união de amor com nosso Deus. É pararmos todas as nossas atividades cotidianas, a fim de ficarmos silenciosos no quarto e podermos fitar nossos olhos somente no coração de Deus, deixando que Ele nos enxergue com seu amor e sua graça.

Jesus também aconselha que devemos *fechar a porta*, um apelo para tirarmos do coração todas as "distrações", que nos cegam e não nos deixam enxergar Deus. É uma opção necessária para pararmos de pensar mil coisas, atividades e distrações voluntárias. Nunca vamos contemplar se nossa cabeça estiver cheia de mil coisas. Deixemos com fé todas as nossas preocupações fora da porta para que possamos nos concentrar somente em amar a Deus e sermos amados por Ele. Precisamos fazer o trabalho de deixar no outro lado da porta nossos bloqueios, nosso passado negativo que ainda nos atormenta, nossos pecados mais pesados, nossas mágoas, nossos projetos da vida e também nossos celulares, para podermos acolher na paz o Deus Emanuel, o Deus conosco. É um processo consciente de nos tirarmos do centro do círculo e colocarmos somente Deus neste lugar. O coração somente pode acolher uma pessoa a cada momento. Não podemos ter um coração dividido quando queremos nos encontrar com Deus na contemplação.

Jesus nos aconselha a *não usarmos muitas palavras*. Segundo Ele, a oração de intimidade com Deus não é de meditação e tampouco intelectual, com muitos raciocínios. *Não é um pensar sobre Deus, mas falar com Ele e experimentar seu amor.* Não é ocupar todo o tempo concentrando somente em nossas necessidades. Não é uma aula de teologia especulativa. O tempo deve ser, em primeiro lugar, para cultivar um relacionamento com Deus. E um amor verdadeiro não precisa de muitas palavras! Somente um olhar profundo para o amado será suficiente. É um tempo para acolhermos, na fé, que Deus está presente e nos ama. É tempo para acordar nossa esperança de que Deus quer nos oferecer sua copiosa redenção, por intermédio de seu Filho, Jesus crucificado e ressuscitado, e quer partilhar conosco a consolação de seu Espírito Santo. *É tempo para vivenciarmos o amor de cada pessoa da Trindade, Pai, Filho e Espírito Santo*. Na contemplação, encontramos com as Três Pessoas da Trindade, falamos com cada uma delas e elas falam a nosso coração.

Jesus pede que devemos *rezar ao Pai em segredo*. Intimidade significa um momento de diálogo entre dois corações apaixonados. É um momento profundamente pessoal entre nosso "eu" com o "Tu" de Deus. É tão pessoal que é como se fosse um "segredo" entre duas pessoas que se amam. Quando os místicos tentaram descrever o que experimentaram em sua contemplação de Deus, eles ficaram quase calados ou sem poderem explicar porque era algo tão pessoal e sagrado.

Jesus termina dizendo que, em toda tentativa de ficar em comunhão com Deus, *O Pai o recompensará*. A oração causa comunhão com o Pai por Cristo no Espírito Santo. Mudamos nossa personalidade por causa dessa união e contato íntimo com Deus. Somos profundamente amados e tocados por Ele como sempre quis. Isto, então, é nossa recompensa: ficamos, pouco a pouco, santos como o Pai é Santo. Assumimos progressivamente o ser e o agir do Deus de amor. A recompensa aqui não é uma questão de ganhar algo, mas sim de ter experimentado o amor gratuito de Deus, por isso a necessidade de assumirmos a missão profética para partilharmos seu amor com todos que aparecem em nossa vida. A experiência do *amor Divino precisa necessariamente gerar em nós amor pela humanidade*, uma resposta que se realiza no amor e nos serviços a nossos irmãos, especialmente aos mais pobres. Se nossa contemplação não aumenta nosso amor ao próximo, então algo está errado ou faltando. Não estamos sendo uma continuação do ser e do agir do Deus, que contemplamos.

Que o leitor se sinta livre para experimentar um ou outro sistema de contemplação apresentado aqui ou outro apresentado nos livros sobre a oração de contemplação. O importante é descobrir aquele que mais facilita seu encontro de amor mútuo com Deus. É claro que contemplação exige a conotação da *constância*. Deve ser uma prioridade espiritual diária, de, como falamos antes, ao menos 20 minutos. É claro que alguns dias nossa oração poderá faltar, mas, se for uma falta extensa, isso causará dificuldade na busca de rezar a oração de contemplação, pois o primeiro amor começará a "esfriar".

V DISCERNIMENTO

Mais do que nunca, os cristãos precisam do dom do discernimento, dado pelo Espírito Santo a todos os batizados. Como vimos, o secularismo coloca diante de nós certas crenças não evangélicas, que, cada vez mais, são acolhidas pelo povo como fontes de vida. Os cristãos precisam mais do que nunca do dom de discernimento para conhecerem e executarem os princípios evangélicos e não os princípios negativos do secularismo, que os afastam de Deus e dos irmãos em comunidade.

Uma realidade é que padres, religiosos e leigos, comprometidos em ministérios, precisam tomar algumas decisões mais dramáticas do que no recente passado. Nosso presente e futuro não são tão seguros como foram no passado. Não há mais tantos cristãos que realmente praticam sua fé. Muitas congregações religiosas e leigos precisam enfrentar as duras realidades, como a perda notável de praticantes nas Igrejas, de vocacionados ao sacerdócio e à vida religiosa e de leigos comprometidos; faltam pessoas suficientes para continuarem as obras ou ministérios. E pior, como vimos no capítulo sobre a secularização, há a falta evidente de mais leigos jovens comprometidos com o reino.

Precisamos assumir que não podemos ficar mais com todos os nossos projetos e recursos que nos colocam *em uma situação de discernimento*, isto é, em uma posição de decidir quais apostolados ou ministérios devem ficar com maior prioridade e quais precisam ser mudados ou até deixados. Há os novos apelos que pedem que deixemos certas obras, para buscarmos *novas fronteiras* e, assim, ficarmos em sintonia com a vontade de Deus e a realidade de nosso mundo. *Precisamos coragem para lançar as redes em águas mais profundas* (Lc 5,4).

Em poucas palavras, cada seminário, congregação religiosa, leigos batizados e paróquia precisa entrar no processo de *discernimento pessoal e comunitário* para poder, com paz e serenidade, buscar soluções práticas e viáveis em favor do reino. Mais uma vez, é necessário frisar que o fim de qualquer discernimento é descobrir e realizar *a vontade do Pai.*

O discernimento comunitário é um processo central em qualquer comunidade cristã, seja diocesana, religiosa ou paroquial. Mas a maneira de aproveitarmos esse processo pode ser um instrumento de profunda paz e crescimento individual e comunitário, ou, infelizmente, uma fonte de divisões sérias na comunidade. O processo de discernimento nem sempre foi e é usado como deveria. Ele deveria ser algo normal e tranquilo, mas nem sempre é.

Querendo ou não, o começo desse processo é cheio de emoções humanas, preconceitos, resistências, interesses individuais e de grupos políticos. O elemento humano positivo ou negativo sempre está presente. Às vezes, nem o Espírito Santo é convidado para entrar no processo. O discernimento comunitário nunca foi e nunca será fácil. Vimos tudo isso inúmeras vezes em toda a Bíblia. Momentos de grande tensão como aconteceu na própria vida de Cristo com seus discípulos e especialmente diante dos fariseus e sacerdotes, que recusaram a entrar no processo do discernimento. Houve somente corações fechados, que, automaticamente, causaram divisões, julgamentos falsos e um jogo de poder.

O problema do discernimento sério e honesto normalmente está nos dois extremos do pêndulo. Podemos pecar nos dois extremos que destroem o processo de discernimento. E, se não houver uma busca séria de achar a vontade do Pai, podemos correr o perigo de abusar desse processo comunitário. Nunca é uma questão de *quem vai ganhar* no fim, mas sim da necessidade de abertura diante da vontade do Pai. Sem essa seriedade e finalidade, o elemento humano entra no meio, e os ouvidos e os corações ficam fechados. Só acusamos os outros, julgamos suas intenções sem a possibilidade de acolher que eles podem ser a fonte para nos mostrar a verdadeira vontade de Deus. Não existe, às vezes, um diálogo honesto, que exige dois elementos: ouvir com abertura os outros e expor, com tranquilidade, o que achamos ser a vontade de Deus. O fechamento tira a possibilidade de descobrir a vontade de Deus Pai.

Em um extremo do pêndulo, há certos perigos do secularismo que interferem no processo de discernimento. Existe hoje um *individualismo exagerado*, que não se preocupa com o quadro total da questão, mas somente com o que interessa para o "indivíduo". A individualidade é um dom de Deus; cada um é diferente e reflete o próprio Criador. Mas, quando nosso individualismo é exagerado, destrói a imagem do Criador em nós, porque Deus é Amor. No individualismo exagerado, há somente amor-próprio.

Pior ainda, pode existir um *forte subjetivismo*, que julga tudo somente do aspecto da vontade pessoal do indivíduo e, assim, os apelos comunitários e os aspectos do bem comum são descartados. Só "eu" sou certo; assim a pessoa fecha seus ouvidos aos outros. Não podemos esquecer que Deus sempre fala a nós por intermédio dos outros. Isso é evidente em toda a Bíblia. Deus se revelou por intermédio dos profetas e de seu Filho Encarnado, Jesus Cristo. Deus chama seus amados para nos mostrar sua vontade.

Com essas ações, tudo o que fica contra a vontade pessoal é julgado prejudicial a sua própria *autorrealização*. Com essa bandeira, é fácil justificar toda atitude, até agressiva, no processo de discernimento porque interfere radicalmente na busca da autorrealização. No fim, a pessoa sai do processo porque ele não está andando na maneira que ela quis.

O outro extremo do pêndulo é o sistema de *autoritarismo*, uma atitude em que a autoridade ou as lideranças simplesmente assumem o papel de *donas da verdade* e, então, todos têm de seguir cegamente suas decisões. A regra, se não a lei, é que "O Bispo, o Superior ou o Pároco falou, portanto, *Deus falou*". Houve um monopólio sobre a interpretação da vontade de Deus e uma exigência da *obediência cega* sem nenhuma necessidade de consultar a base na busca da vontade de Deus. Há sinais de que essa prática, graças ao secularismo, está voltando depois de um período de crescimento na busca comunitária da vontade de Deus após o Concílio Vaticano II.

Também possivelmente nocivo é o novo conceito de *democracia*, que criou, entre os batizados, outro tipo de dominação do autoritarismo. A democracia foi confundida com *a maioria sempre é certa*. Quem ganhou na votação sempre ilustrou a vontade de Deus. *Nem sempre*! Uma comunidade pode formar grupos de poder que impõem sua vontade aos outros, sem passar pelo processo de discernimento. Isso acontece quando existe um grupo de poder que quer manter tudo como está e, assim, recusa entrar no processo verdadeiro de discernimento comunitário. Existe o perigo de promover, em nome da "democracia", propósitos para não serem incomodados com mudanças. *Sempre foi feito assim* é um exemplo dessa falta de diálogo, que resiste a possíveis mudanças que Deus está pedindo.

Podem existir grupos de interesse, que se recusem a entrar no processo verdadeiro de discernimento comunitário e a buscar o novo, segundo os apelos de um conselho paroquial, assembleias diocesanas, sinais dos tempos. Existe o perigo de promover, em nome da "democracia", muito subjetivismo, autorrealização, individualismo e grupos de interesse que não querem ser incomodados com mudanças, segundo a vontade de Deus.

Somente uma verdadeira visão de discernimento comunitário pode nos livrar dos dois extremos do pêndulo. Mas é importante notar que, se qualquer extremo do pêndulo existe, o discernimento espiritual e comunitário não pode existir. Deus foi tirado do centro do processo, e nosso "eu" tomou seu lugar central.

Graças a Deus, a maioria dos grupos envolvidos no discernimento comunitário superou alguns desses defeitos. Mas há a necessidade de vigilância e honestidade para sempre colocarmos, em questionamento, nossas motivações interiores no início do processo de tentar descobrir a vontade de Deus.

O que é discernimento comunitário

O discernimento significa uma atitude evangélica de ficar aberto e vigilante sobre a busca de conhecer e executar a vontade de Deus. O fim é sempre buscar saber qual é a vontade de Deus *em circunstâncias concretas de nossa vida pessoal e comunitária*. O discernimento não fala de teorias, mas da vida concreta. Ele termina em alguma ação específica.

Alguns conceitos sobre o discernimento são essenciais:

1. Buscar a vontade de Deus em circunstâncias concretas. Sem esse elemento não há discernimento evangélico. A vontade do Pai está no centro de todo o processo de discernimento. Essa atitude fala de um processo de abertura. Na vida de Cristo, vimos sua própria atitude de discernimento sobre a vontade de seu Pai.

> Disse Jesus: "Minha comida é fazer a vontade daquele que me enviou e concluir sua obra" (Jo 4,34).

Para poder viver essa atitude de escuta a cada semana, Jesus foi à sinagoga em busca de conhecer e executar a vontade de seu Pai, por meio das orientações da Palavra de Deus lida na liturgia. Cristo, em discernimento, descobriu sua missão e a vontade do Pai na sinagoga. Jesus humano também precisou praticar discernimento.

> Foi-lhe entregue o livro do profeta Isaías. Abriu-o e encontrou o lugar onde está escrito: "O Espírito do Senhor está sobre mim, porque ele me ungiu para pregar boas novas aos pobres. Ele me enviou para proclamar liberdade aos presos e recuperação da vista aos cegos, para libertar os oprimidos e proclamar o ano da graça do Senhor". Então ele fechou o livro, devolveu-o ao assistente e assentou-se. Na sinagoga todos tinham os olhos fitos nele; e ele começou a dizer-lhes: "Hoje se cumpriu a Escritura que vocês acabaram de ouvir" (Lc 4,17-20).

2. Todo discernimento começa com um ato profundo de fé de que Cristo está presente no meio da comunidade com seu Espírito Santo e que eles vão dirigir essa comunidade para conhecer e acolher a vontade de seu Pai em circunstâncias concretas de vida. Eles abrem o coração da comunidade para a verdade, que pode libertá-la de seu fechamento, egoísmo e suas resistências diante da vontade de Deus.

3. Nosso "eu" é parte importante desse processo, mas não pode ocupar o lugar central. Inclui todo um processo de abertura, que exige estudo e um trabalho sincero, para captar e depois acolher, com generosidade, a vontade do Pai e, assim, continuarmos sendo participantes ativos na história da salvação. Por isso o discernimento fala, sobretudo, de uma atitude de obediência filial diante da vontade do Pai, que quer salvar toda a humanidade. Ficamos participantes ativos na história da salvação quando vivemos o que discernimos.

4. Ouvir é sempre o primeiro passo na obediência e no discernimento. A palavra "obediência" significa "aquele que ouve". E esse ouvir é sobre coisas bem concretas. O processo de discernimento não fala de ideias abstratas, ideologias, modas etc., mas sim da vida concreta em que os batizados são convocados por Deus para descobrirem o que Ele quer de sua vida pessoal e comunitária. *Quem fica somente nas ideologias nunca é capaz de discernir.*

5. Comunitário – Há momentos de discernimento pessoal – um processo entre Deus e seu consagrado pelo batismo. Há discernimento pessoal sobre nossa vocação ou nosso serviço na Igreja. E há discernimento a dois, por exemplo, em uma direção espiritual, cuja finalidade é que os dois busquem esclarecer a vontade do Pai na vida dos dirigidos. Aqui estamos

falando de discernimento em que todos os membros de um capítulo provincial, um conselho paroquial ou de uma diocese estão convidados a entrar no processo de buscar, esclarecer e acolher a vontade do Pai em circunstâncias concretas. É um conceito de obediência evangélica que se chama de *corresponsabilidade* na busca e na execução da vontade de Deus na vida dessa comunidade e que apaga a tendência para o erro do autoritarismo. Ele foi meio apagado nos últimos tempos por causa do exagero dos dois extremos do pêndulo, em que somente "eu" ou um grupo de poder teve o único direito de interpretar a vontade de Deus. Tal discernimento não pode ser resolvido por indivíduos, ou grupos (politicagem), sem se buscar e consultar o grupo todo.

O aspecto comunitário também exige que haja um processo para chegar até o esclarecimento comunitário sobre a vontade do Pai. Esse processo, às vezes lento, inclui uma etapa de purificação de nossas motivações. Ele *pode ser bem doloroso* para poder chegar até uma abertura e honestidade dos membros de quererem descobrir a vontade do Pai. Não se pode apelar para o imediatismo no processo de discernimento comunitário sem passar pelas várias etapas de iluminação, conversão e honestidade do grupo.

6. A finalidade do discernimento comunitário é tentar chegar a *decisões concretas e viáveis*. Não é um processo de teorias e especulações teológicas. É para chegar a uma decisão que termina em ação iluminada pelo discernimento.

No fim do processo, o grupo precisa tentar chegar ao consenso de que nunca será perfeito, mas que vai indicar o que Deus está querendo. Isso causa uma profunda tranquilidade!

A Base Teológica de Discernimento Comunitário

Toda a base teológica está centrada no amor de Deus, que, apesar da infidelidade do homem diante da aliança do batismo, continua querendo amar e salvar a todos. *Só Deus é assim.* A força teológica do discernimento é que a própria Trindade forma uma comunidade que dialoga e discerne.

> No começo a Palavra já existia e a Palavra estava voltada para Deus e a Palavra era Deus. Tudo foi feito por meio dela e, de tudo o que existe, nada foi feito sem ela (Jo 1,1-2). Era a terra sem forma e vazia; trevas cobriam a face do abismo, e o Espírito de Deus se movia sobre a face das águas (Gn 1,2).

Isso é uma descrição perfeita de discernimento. Tudo foi feito pelos três, o Pai e o Filho (Palavra) junto com o Espírito Santo, fonte de amor, no processo de discernimento sobre a criação, especialmente, a do homem e da mulher, feitos à *imagem de Deus.*

No desejo de salvar toda a humanidade (história de salvação), o Pai optou *por pedir e precisar da cooperação do próprio homem e da mulher.* E o meio escolhido para realizar essa cooperação foi a obediência. Depois da desobediência de Adão e Eva, que quebraram a aliança de amor, o Pai escolheu a obediência como o meio de endireitar de novo as coisas destruídas pelo pecado. Toda a história de salvação é de obediência, em que o homem e a mulher, no discernimento particular e comunitário, descobriram o querer do Pai e se colocaram em atitude de discernimento e obediência diante desse querer de salvação.

A história de salvação começou no coração da Trindade e terminou com homens e mulheres de escuta, discernimento e coragem para assumirem a vontade do Pai em Cristo no Espírito Santo. Ela inclui homens, como Abraão, que confiou na vontade do Pai, Moisés, os profetas, o Rei Davi. E, no momento crítico desse plano de salvação, encontramos uma mulher, Maria, e o próprio Verbo, que, em obediência, se encarnou para realizar o plano de amor do Pai até a cruz. O Redentor e a corredentora da humanidade nos apresentaram o meio de continuar a história da salvação hoje: discernimento em coisas concretas da vida o qual desemboca na obediência. Sim, Maria e Jesus, na oração e nos sinais dos tempos, tiveram de discernir a vontade do Pai como nós para continuar seu plano de salvação.

Na história de salvação, Deus sempre se colocou ao lado de seu povo. Não foi e não é um Deus distante e desligado. *Eu vi o sofrimento de meu povo e vou descer para salvá-lo* (Êxodo). A tenda no meio da comunidade, no deserto, e, mais tarde, o templo foram sinais concretos da presença de Deus no meio de seu povo, que Ele dirige, aconselha, consola e pede sua cooperação na história de salvação.

> Então a nuvem cobriu a Tenda do Encontro, e a glória do Senhor encheu o tabernáculo. Moisés não podia entrar na Tenda do Encontro, porque a nuvem estava sobre ela, e a glória do Senhor enchia o tabernáculo (...) de dia a nuvem do Senhor ficava sobre o tabernáculo, e de noite havia fogo na nuvem, à vista de toda a nação de Israel, em todas as suas viagens. (Êx 40,35-38).

O maior sinal de entrosamento de Deus com seu povo foi quando seu filho se fez carne e habitou entre nós para revelar o querer salvífico do Pai. O próprio filho de Deus, em obediência ao querer de seu Pai, fez-se um de nós. O Criador se fez uma criatura e sofreu todas as consequências até a morte de cruz. Somos salvos pela obediência de Jesus, que, primeiro, discerniu e, depois, acolheu e cumpriu a vontade do Pai. Sim, Cristo humano teve de discernir para descobrir o querer do Pai.

O Espírito Santo desceu sobre a Igreja na festa de Pentecostes para estar presente com ela e para dirigi-la na descoberta e na execução da vontade do Pai. Em todo discernimento, a presença da Trindade é garantida se o grupo se abrir para acolher a presença e o querer do Pai. Deus Emanuel, Deus conosco, inicia o processo de discernimento. Nesse processo, há então a necessidade de parar (oração) para captar essa presença amorosa e salvadora da Trindade. Sem oração pessoal e comunitária, não podemos enxergar a vontade do Pai.

Desde o começo da história da salvação, Deus falou a seu povo, mostrando seu amor e seu desejo de reconciliação, e o povo precisava cultivar uma escuta respeitosa diante da palavra de Deus. Sem essa sensibilidade espiritual (discernimento), é difícil ficar aberto para captar o querer do Pai. Essa é a fase da oração pessoal e comunitária, em que acolhemos o amor de Deus em nossa vida pessoal e comunitária e respondemos com nosso amor em forma de obediência. É a fase necessária de *ir à montanha* e ao encontro de Deus para podermos entrar em seu interior e descobrir seu querer nas questões que exigem nosso discernimento, que termina em obediência por amor. Moisés foi à montanha e descobriu a vontade salvífica do Pai, que quis salvar seu povo da escravidão no Egito; Elias foi à montanha e descobriu sua missão profética; Jesus humano tinha o costume de "ir à montanha" para rezar e descobrir o querer de seu Pai. Tudo começou na intimidade de oração "Eu e Tu" (contemplação). A intimidade terminou em discernimento e obediência.

E Deus sempre quis que esse processo de copiosa redenção fosse feito como é feito na Trindade, isto é, por meio de *um processo feito em comunidade*. Cada membro é um participante no processo de conhecer o querer do Pai. E essa busca é feita dentro da dinâmica pessoal, primeiro na contemplação (Eu--Tu) e depois na partilha comunitária do que cada membro pensa o que é o querer do Pai, para, enfim, esclarecer e acolher essa vontade (Eu-Tu e Nós). Deus fala por intermédio de todos os participantes em um discernimento comunitário. Onde há abertura sincera, Deus usa de todos como seu instrumento para esclarecer sua vontade salvífica.

O discernimento não trata de coisas gerais, como, por exemplo, "Deus nos ama". É uma busca séria de descobrir sua presença amorosa em circunstâncias concretas e discernir e ouvir o que Deus quer desse grupo aqui e agora. No começo do processo, há dúvidas – tudo não é tão claro –, há divergências de opiniões, há tensões, há até fechamento e, certamente, resistências. Mas no fim, como diria Santo Afonso, o discernimento e a obediência fazem *o que mais agrada a Deus.* A finalidade de discernimento é chegar até uma ação específica que o grupo precisa assumir. Não pode ficar no muro ou na indecisão. A motivação do grupo tem de ser descobrir o que o Pai quer hoje, pois sua vontade sempre está no meio do processo. A luz e o coração devem dirigir todo o processo de discernimento.

Embora nossos elementos humanos estejam sempre presentes no processo, não podem ocupar o lugar central com nossos sentimentos fortes, preconceitos, individualismos exagerados, realizações egoísticas, grupinhos de poder e politicagem, lutas para somente ganharmos até não querermos escutar o que os outros falam. Volto a repetir que o coração do discernimento é o amor a Deus por meio da disponibilidade de obediência filial para acolher e executar motivado somente por amor. Essa busca purifica os possíveis obstáculos.

A Bíblia está cheia de momentos de discernimento comunitário buscando a vontade do Pai. Nos Atos dos Apóstolos, houve discernimento no primeiro Concílio de Jerusalém para decidir se os novos pagãos convertidos precisaram observar a lei de Moisés ou não. E houve dois lados fortes com opiniões divergentes. Mas, no fim, houve a busca da vontade do Pai. Houve discernimento entre os apóstolos sobre quem seria o décimo segundo apóstolo no lugar de Judas. O que é importante é que todos os envolvidos tomaram parte no processo, e ninguém ficou fora ou foi marginalizado. Existiu, apesar de todos os elementos humanos que poderiam bloquear o processo, uma escuta respeitosa de todos.

Discernimento não começa do zero, mas está profunda e necessariamente ligado ao passado e às tradições legítimas. Há três pilares essenciais que precisam ser retomados para mergulhar nesse processo. Reforçando, esses pilares nos afastam do perigo de construir sobre a areia e não sobre a rocha, que é Jesus Cristo.

> É como um homem que, ao construir uma casa, cavou fundo e colocou os alicerces na rocha. Quando veio a inundação, a torrente deu contra aquela casa, mas não a conseguiu abalar, porque estava bem construída (Lc 6,48).

As quatro fontes indicadoras e inspiradoras

1. O Evangelho, para descobrir o essencial no seguimento de Jesus Cristo.

Todo discernimento tocará em algum aspecto de nossa vida batismal, seja a consagração, a fraternidade ou a missão; e a luz sobre tudo isso está na *Palavra de Deus*. O discernimento começa buscando a luz contida na Palavra de Deus.

2. A história legítima dos participantes no processo de discernimento e sua fidelidade ou falta de fidelidade do grupo a seu carisma ou dom do Espírito Santo. Não é para buscar modas ou simples novidades. Temos de voltar a reexaminar *o carisma original* do grupo (a ação do Espírito Santo) e atualizar esse dom sem mudar o essencial. A essência do dom ou carisma precisa continuar. O que muda são os acidentais ao redor do carisma.

3. Os sinais dos tempos, para descobrir, no aqui e no agora, a vontade do Pai para reavivar o essencial de forma nova e criativa. E isso especialmente diante do secularismo e seus efeitos negativos.

4. Não há discernimento autêntico sem voltar à pessoa de Jesus Cristo (modelo e Mestre) e contemplar sua maneira concreta de viver sua consagração ao Pai por meio, principalmente, de sua obediência. Cristo serve como a luz e a verdade e pode libertar o grupo dos desvios no processo de discernimento.

> Falando novamente ao povo, Jesus disse: "Eu sou a luz do mundo. Quem me segue nunca andará em trevas, mas terá a luz da vida" (Jo 8,12)

No discernimento, é preciso aprender novamente a sermos "discípulos" para podermos realmente seguir Cristo. Precisamos aprender de novo, durante o processo de discernimento, a oração de contemplação, dirigindo "nosso olhar profundo" ao único Mestre Jesus. É impossível vivermos o discernimento honestamente sem primeiro *olharmos para o Mestre*, a fim de descobrirmos seu ser e seu agir, que deve inspirar nossa busca no discernimento atual. Cristo facilita o processo de conhecer a vontade do Pai. O discernimento fala de assumir o mesmo ser e agir do Mestre Jesus.

O Verbo encarnado é apresentado em todos os evangelhos como um homem profundamente orante. Cristo teve o costume de despedir-se da multidão e também de sua própria comunidade de apóstolos para ir à montanha rezar sozinho (Mt 14,22-32). A oração de Jesus foi de intimidade com seu Pai (Mt 6,9), mas também de compromisso com a descoberta e execução da vontade do Pai, que o impulsionou para o ato extremo de amor na copiosa redenção e na reconciliação de toda a humanidade com Ele. Sua oração o levou a assumir a cruz para salvar todos (Jo 4,31-34).

Sem contemplação, perde-se a visão do projeto salvador do Pai e do sentido da vida batismal. Esquece-se da missão e do destino de Cristo, que o batizado abraça pela consagração batismal. Então, a busca de discernimento fala basicamente de *um processo de conversão*. É fazer as opções evangélicas de forma nova e criativa para redescobrir e viver na realidade de hoje o seguimento verdadeiro de Cristo. É seguir sua obediência.

O conceito da obediência bíblica e batismal

Já que o fim de todo discernimento pessoal ou comunitário é o ato livre de obediência diante da vontade do Pai, que se revela na vida, seria bom esclarecer o conceito de obediência espiritual, seja na vida consagrada, religiosa, sacerdotal ou leiga. Gostaria de citar uma definição de obediência de um consagrado teólogo canadense Frei Tillard, OP.

> Obediência religiosa, em sua intenção e em seu dinamismo interior, é a consagração total a Deus de minha própria vontade que causa uma comunhão intensa com a vontade salvífica do Pai em imitação de Cristo Servo Sofredor.

Vamos examinar essa definição para podermos esclarecer nosso conceito da obediência espiritual que deve motivar e animar todo o processo de discernimento.

Obediência religiosa... – estamos falando de um dos meios principais que Cristo disse ser essencial para segui-lo, isto é, a obediência. Desde o Antigo Testamento, com os profetas e os reis, a obediência foi a fonte de discernimento e de vocação. No começo dos padres do deserto no século quatro, a obediência foi o voto central na vida consagrada e os tornou a imagem de Cristo e a continuação de sua missão na Igreja. Isso é assumir o mesmo ser e agir de Cristo Encarnado, que veio para ouvir o Pai e ficar obediente a sua missão salvadora até a morte de cruz. Todo processo de discernimento é um exercício de obediência consagrada. Não é um meio qualquer; toca em todo o nosso ser batismal.

O discernimento é obediência, e obediência é discernimento. Ela é o maior sinal de amor possível diante do Pai para quem consagramos toda a nossa livre vontade, por meio da aliança do batismo. Buscar essa vontade do Pai no processo de discernir coisas é um ato de amor a Deus e ao próximo. A obediência, nesse sentido bíblico, é o maior sinal de *culto e adoração*. Ela é no fundo a maior expressão de amor a Deus.

... consagração total... – estamos falando aqui do dom mais profundo que podemos oferecer a Deus em consagração batismal. Nossa vontade livre é o dom mais precioso que recebemos de Deus. Exercê-la nos faz imagem de Deus Criador. A obediência é, portanto, o desejo de querer devolver ou oferecer esse mesmo dom livremente a Deus como o sinal externo do sacrifício de consagração. É a grande expressão de amor a Deus, que nos amou primeiro. Tal decisão exige de nós uma motivação humano-espiritual, que desemboca em um ato profundo de culto e adoração a Deus. É querer amar a Deus com todo o nosso coração. É radical. É amor radical.

... a Deus... – todo ato de obediência começa com o Pai e está redirecionado para Ele. No fundo, *obedecemos somente a Deus.* Ninguém tem o direto de receber esse ato de culto e adoração de nossa vontade livre fora de Deus. Por isso, no processo de discernimento, buscamos a vontade do Pai em um processo de contemplação amorosa em sua presença. Depois, buscamos caminhos para fazer um ato livre de obediência somente a Ele. É o caminho mais radical de viver a consagração, o culto e a adoração. Foi o fundamento espiritual de Cristo: *Eis me aqui para fazer sua vontade, Pai. Eu vim para fazer a vontade*

do Pai. Esse esclarece o dom que queremos ou sozinhos ou em comunidade oferecer a Deus. O dom é específico. É nossa vontade querer livremente oferecer ao Pai em culto e adoração. Nada é mais precioso em nosso ser do que a liberdade de escolher e optar. Esse dom precioso que recebemos do Pai, agora, livremente fazemos dele um presente e dom ao Pai. Mas tem de ser livre e generoso.

... que causa então comunhão intensa... – no processo de discernimento, buscamos estar em sintonia com o "querer do Pai" ou com sua vontade. Essa busca tem por finalidade a união de vontades, que causa então uma comunhão entre o Pai e seus filhos. A motivação somente pode ser única: o amor. Onde existe medo ou algo forçado não há amor, por isso não há dom e generosidade. Essa união fala somente de amor mútuo, que é causado pela *união de vontades*. O Pai, em seu amor, revela seu querer a nós e, em amor, respondemos tentando cumprir seu querer. É amor radical. É o caminho mais radical para *conseguir intimidade com Deus Pai*. E o resultado é uma comunhão intensa – uma comunhão de amor mútuo. Quando Jesus, em seu batismo no Jordão, ofereceu sua vontade para cumprir a vontade salvífica do Pai, o resultado foi uma comunhão intensa: o Pai explodiu com amor: *Você é meu filho querido*. E na transfiguração, quando Jesus, em conversa com Moisés e Elias, confirmou sua decisão de cumprir a vontade do Pai até a cruz, o Pai revelou aos discípulos presentes: *Este é meu filho amado.* Cada ato de obediência à vontade do Pai causa a mesma reação de Deus Pai; "Você é meu filho querido". Acontece uma comunhão intensa de amor mútuo.

...com a vontade salvífica do Pai... – o querer mais profundo do Pai é salvar, redimir e libertar toda a humanidade, separada de seu amor pelo pecado. Por isso toda obediência fala do processo da continuação de seu desejo salvífico, que é um processo contínuo. Todo discernimento fala do processo de continuar a salvação da humanidade e entrar na dinâmica ou corrente da história da salvação, começada pelo Pai em Gênesis e realizada pelo Filho e pelo Espírito Santo. De uma maneira ou outra, toda obediência ou todo discernimento está procurando continuar o desejo louco do Pai de salvar e reconciliar toda a humanidade com Ele (Cl 1,1-20; Ef 1,1-14). É uma continuação da obediência do Verbo, que, livremente, em obediência, se fez carne (encarnação), pão (eucaristia) e cordeiro imolado na cruz (paixão), para cumprir a vontade do Pai; assim Cristo *acolheu e cumpriu essa vontade louca do amor do Pai* (Santo Afonso).

... em imitação de Cristo Sofredor... – todo discernimento e toda obediência são uma tentativa de continuar o gesto magnífico da obediência do Verbo Encarnado, que, em sua obediência Divina e em sua obediência humana, acolheu a vontade salvífica do Pai, assumindo, em obediência, os quatro cânticos do Servo de Javé, em Isaías, que descrevem a obediência do servo fiel em participar da salvação de toda a humanidade. Cristo então é nosso modelo humano-divino no discernimento e na obediência. O que Ele viveu, em sua obediência, um batizado consagrado quer continuar hoje individual (consagração batismal) e comunitariamente (discernimento e obediência comunitária). *Toda obediência começa com a contemplação de Cristo Encarnado, que assumiu uma vida radical de obediência ao desejo salvífico do Pai.*

Queremos assumir essa vontade salvífica e participar dela para salvar todos, e repito, sempre por amor. Isso exige abertura para captar essa vontade e coragem para cumpri-la. Mais uma vez, queremos acolher o processo de discernimento pessoal de Jesus e sua obediência e fazer desse processo o nosso.

A DINÂMICA DA OBEDIÊNCIA DE JESUS

ÁGAPE

↓

COMUNHÃO

↓

SUBMISSÃO

↓

EXECUÇÃO

---

1. **ÁGAPE** – examinando como Jesus humano exerceu seu discernimento e sua livre obediência ao plano do Pai, descobrimos que, antes desse ato, houve uma predisposição necessária. O Ágape *ou o amor mútuo entre o Pai e o Filho sempre vieram primeiro*. Portanto todo o processo de discernimento sai da experiência (contemplação) do imenso amor do Pai ao Filho e do Filho querendo ser uma resposta de amor ao Pai. Sem a experiência de amor mútuo entre Deus e o consagrado batizado, não há a possibilidade de discernimento, que termina em livre obediência. Somente na oração antes do discernimento, podemos enxergar o amor incondicional do Pai a nós e, assim, preparar nossa resposta de amor ao Pai por meio da obediência.

2. COMUNHÃO – nesse encontro, acontece uma profunda união e comunhão de amor, no qual o Pai revela ao Filho seu *"querer" que é a salvação de toda a humanidade.* O Pai, desde Adão e Eva, quis se reconciliar com sua criação. Esse sempre foi seu desejo eterno e o fio dorsal por trás de toda a história de salvação e de toda a linha de obediência no Antigo Testamento. Essa comunhão se expressou por excelência na obediência do Verbo Encarnado, Jesus, que, totalmente humano, assumiu esse querer na Encarnação, Eucaristia e na Cruz. Somos salvos por sua obediência e suas chagas, que nos colocaram no abraço salvador do Pai. Agora somos convidados pelo Pai a participar dessa comunhão de amor. A obediência, livremente assumida, coloca-nos automaticamente no coração amante do Pai. Somos abraçados no amor do Pai.

3. SUBMISSÃO – aqui estamos diante do coração de toda obediência e todo discernimento. Quando o Filho, em comunhão, percebeu o "querer" do Pai, quis, por amor, que seu querer (vontade livre) estivesse em sintonia com o querer revelado pelo Pai. *Isso exigiu um ato de submissão e de obediência filial.* Nem sempre essa submissão foi fácil, como podemos ver no momento em que Cristo teve de assumir o quarto cântico do Servo de Javé, isto é, a Paixão. *Sem submissão não há obediência nem qualquer processo de discernimento.* Ela significa aqui que, quando precisamos iniciar o processo de discernimento sobre a vontade do Pai, sentimos que Deus quer de nós "X". De repente, na oração e partilha comunitária, descobrimos que Deus de fato quer de nós "Y". O ato de submissão ou obediência é livremente mudar nosso "X" para "Y" por amor. *Eu vim fazer a vontade do Pai.* A submissão é o elemento mais radical em todo o processo de discernimento. Exige abertura, doação e muito amor para estar em sintonia com o querer do Pai.

4. EXECUÇÃO – essa parte é essencial para poder cumprir o querer do Pai, mas não é a parte mais essencial. A execução é o resultado da submissão. Se a submissão não chegou até a execução, não houve de fato obediência, mas sim, teorias. Sem submissão, existiriam outras motivações por trás da obediência, como medo, conveniência, interesse etc. Essas últimas motivações destroem o processo de discernimento. E a execução precisa ser livre e generosa para continuar o plano salvífico do Pai.

Então, em resumo: a essência da obediência está na *submissão* e não na execução. Sem submissão não há obediência. Ela precisa ser motivada pelo amor e não por uma obrigação ou por medo. Sem amor não há obediência, que exige contemplação do amor do Pai antes, para poder captar *o querer do Pai* e iniciar essa dinâmica da obediência. Foi ensinado, por séculos, que o coração do discernimento e da obediência foi na execução. Se cumpriu o que foi pedido, então foi obediente. Mas, sem o ato de submissão por amor, não há discernimento, pois esse exige essa comunhão profunda com o querer do Pai, e faltaram o amor e a união de vontades na prática do discernimento e da obediência. Há necessidade de aprofundar nossas motivações interiores em todo esse processo.

Tudo isso termina de novo em nossas reflexões sobre secularismo. Cada vez mais, estamos fechando nosso coração para captarmos a vontade salvífica do Pai, por Cristo no Espírito Santo. Pior, estamos fechando nosso coração para o elemento da submissão de acolher e executar o que Deus revela como sua vontade. Não existe uma abertura para buscar e executar essa vontade do Pai. Por isso discernimento é o elemento essencial para superar o secularismo. Precisamos quebrar nossa opção de ficarmos surdos diante dos apelos do Pai. Precisamos de espiritualidade para quebrar nosso fechamento e, especialmente, da oração de contemplação do Mestre Jesus.

VI Lectio Divina

Vimos que uma das fontes essenciais para discernimento foi o uso da Bíblia. A *Leitura Divina ou Orante* é uma prática e um método de oração, reflexão e contemplação praticado desde os tempos antigos, particularmente nos mosteiros de monges e monjas. Consiste na prática da oração por meio da leitura das Escrituras e sua finalidade é promover a comunhão e intimidade com Deus e tentar discernir sua vontade em nossa vida.

A forma monástica da *Lectio Orante* é um método antigo, praticado pelos Padres e Madres do Deserto (primeiros religiosos no fim do século quatro) e, posteriormente, nos mosteiros do Oriente e do Ocidente. Na tradição monástica, a *lectio divina* se identifica principalmente em termos de uma *resposta séria à palavra de Deus*. É uma escolha séria de viver os ensinamentos contidos no Antigo e no Novo Testamentos, sobretudo os ensinamentos de Jesus Cristo, que revelou seu Pai a nós.

Escola de Cristo ou o discipulado de Jesus

Cada batizado é discípulo na *escola de Jesus*, isto é, queremos aprender de Cristo, o Mestre, como viver com mais sinceridade a aliança de amor que fizemos com Deus Pai no dia de nosso batismo.

O que nos faz membros dessa escola é nossa disponibilidade para escutar e sermos formados por Jesus Cristo por meio da palavra de Deus. Jesus praticava *lectio orante*. Cada sábado, foi à sinagoga para ouvir a palavra anunciada na liturgia da comunidade.

O foco principal de um cristão é necessariamente os quatro evangelhos e as cartas do Novo Testamento, mas as implicações plenas da mensagem de Jesus podem ser mais bem apreciadas ao contemplarmos a Bíblia inteira. Toda a Bíblia, inspirada pelo Espírito Santo, poderá ser vista como um caminho para Cristo e por Cristo ao Pai. Então abrimos as Escrituras para encontrar e descobrir nosso Mestre Jesus Cristo. Ler a Bíblia é nosso jeito de expressar nosso *discipulado*; um desejo de aprender do Mestre Jesus, que revela o Pai. Ficamos silenciosos diante das palavras e ações de Jesus e, pouco a pouco, assumimos o mesmo ser e agir do Mestre.

> Tomem sobre vocês meu jugo e aprendam de mim, pois sou manso e humilde de coração, e vocês encontrarão descanso para as suas almas (Mt 11,29).

A *Lectio* ("leitura") da Sagrada Escritura é fazer uma leitura lenta e cuidadosa, não tanto com o objetivo de fazer uma exegese bíblica, mas sim de "escutar" e acolher o que Deus transmite ao leitor. Pode-se repetir a leitura quantas vezes for preciso, até que o fiel se sinta tocado pela presença amorosa de Deus por meio de sua palavra. Deus se comunica aos batizados por meio dela. Ele ama os batizados por meio dela. Revela seu interior e sua pessoa por meio dela. Deus é amor!

Esse relacionamento de discípulo com o Mestre Jesus passa por quatro fases do discipulado, praticadas pelos monges e pelas monjas: *leitura/meditação/oração/contemplação.*

Primeiro: LEITURA

Seguir o Mestre significa que precisamos pôr em prática o que aprendemos dele. Seus discípulos expressam sua ligação com Ele seguindo seus ensinamentos. Não é teoria, é prática. O "Siga-me" significa um abandono de nossas próprias preferências para escolhermos, livremente, ser guiados por um outro, Jesus Cristo por meio de suas palavras e seus ensinamentos contidos na leitura da Bíblia. Normalmente, no início, há instruções ou normas do Mestre Jesus para segui-lo, as quais são necessárias para o discipulado. *É a fase de conversão do discípulo na pessoa do Mestre.*

No início, a tarefa do discípulo é simplesmente confiar no Mestre. O cristão assume os Evangelhos como um programa de vida e procura pôr em prática os ensinamentos de Jesus, por meio da obediência daquilo que se lê na Bíblia, isto é, o ser e o agir de Cristo, que é o Mestre. Ele é nosso Rabi. Somos seus discípulos. E tudo que aprendemos com ele nos coloca logo no coração de seu e nosso Pai. *Quem me vê vê o Pai*. O "Siga-me" é um convite para conhecer o Pai por Cristo no Espírito Santo. A *Lectio fala de comunhão íntima e de amor mútuo.*

> Voltando-se e vendo Jesus que os dois o seguiam, perguntou-lhes: "O que vocês querem?" Eles disseram: "Rabi" (que significa "Mestre"), "onde estás hospedado?" (Jo 1,38).

Segunda: MEDITAÇÃO

Na segunda fase, que se chama de meditação, o exemplo de vida e testemunho são mais fortes do que nos ensinamentos verbais. Medita-se sobre a Palavra, busca-se perceber o que Deus fala àquele que lê. Não é mais uma leitura, mas sim uma revelação e um chamado para comunhão com Deus. Sem perceber, o batizado-discípulo começa a imitar a vida e os ensinamentos do Mestre Jesus. O que significa que se iniciou um processo progressivo de laços fortes entre o discípulo e o Mestre. Tudo isso aconteceu na vida de São Paulo: *Não sou eu que vivo, mas é Cristo que vive em mim* (Gl 2,20).

O discípulo cristão compreende que há mais no seguir a Cristo do que um simples conformismo a uma série de instruções objetivas ou obrigações. É um compromisso *para viver com e como Cristo vivia, agir como Cristo agia.* O Novo Testamento o apresenta como um modelo, um Rabi, para continuarmos sua vida em nossa vida, ser sua profecia viva no meio do mundo. É um convite para olharmos Cristo, meditar sobre seu ser e agir e querer continuar tudo isso profeticamente neste mundo secularizado. O discípulo poderia dizer como São Paulo *Não sou eu que vivo, mas é Cristo que vive em mim.*

Terceira: <u>ORAÇÃO</u>

Procurar ser como Cristo é muito mais do que simplesmente algo exterior repetindo o que Jesus fez ou disse. É procurar ser como Cristo encarnado foi. Nós fomos criados à imagem de Deus e isso, como sua prioridade fundamental, significa que queremos ser como Deus é. Somos chamados a transcender nossas limitações e ser mais como Cristo humano e Mestre foi. Aos poucos, assumimos a tarefa de sermos seus representantes em nosso ambiente. Somos, então, um ícone vivo, uma memória viva de Cristo. *Por causa dele perdi tudo, a fim de ganhar Cristo e estar com ele. Eu fui conquistado por Jesus Cristo* (Fl 3,7-13).

Mas tudo acontece por meio da comunhão com Cristo, em uma oração muito íntima, em que nosso "Eu" sem medo mer-

Anote qual frase, sentença ou palavra se destacou para você. Comece a repetir essa frase permitindo que ela se fixe profundamente em seu coração. É Deus convidando você para entrar em comunhão com Ele.

4º PASSO: neste passo, que se chama *meditação*, procure atualizar o que se leu, buscando o sentido para sua vida, para o lugar onde mora, trabalha e vive. Procure responder a esta pergunta: o que diz o texto para mim hoje? O que esse texto tem de semelhante ou de diferente da minha vida atual? O que diz a minha comunidade? O que Deus quer para mim? O que Deus está querendo que conheça e faça no meio deste mundo secularizado, que tenta apagar sua presença? Em fim, o que Deus quer de mim?

5º PASSO: ore, para entrar em sintonia e diálogo com Deus e dar uma resposta solicitada pela Palavra lida e meditada. Agora é o momento de se colocar em *comunhão íntima com Ele* e expressar seus sentimentos, suas angústias, apreensões, alegrias e seus sonhos, que, por ventura, surgiram durante a leitura e a meditação. É um momento de intimidade de dois corações em sintonia de amor. Como isso está faltando por causa do secularismo. Deus quer cultivar uma profunda amizade com seus batizados.

Talvez surja, espontaneamente, de seu coração uma oração de louvor, agradecimento ou petição. Ofereça essa oração e depois retorne à repetição das mesmas palavras em seu coração. Você não deve se preocupar em falar muito ou em preparar palavras bonitas. Fale com espontaneidade, simplicidade e naturalidade e contando a Deus Pai tudo o que seu coração sentiu e experimentou a partir das descobertas feitas até agora.

6º PASSO: este momento, o da contemplação, introduz-nos em uma *conversa tranquila com Deus,* sem outro desejo a não ser de permanecer em sua presença e a seu lado. Olhar e sentir-se abraçado por Ele, em um sentimento de adoração, escuta e silêncio. Essa presença e essa proximidade tornam-se sempre mais silenciosas, como em um encontro entre um amado, diante de seu amante, em que, após o diálogo e a alegria do reencontro, fica-se simplesmente um perto do outro. Não se diz mais nenhuma palavra, pois se fala apenas com os olhos e com o coração. O orante/leitor toma contato com o texto escrito; leu e "escutou" a voz que falou a seu coração, e quer responder a essa Palavra. E, neste estágio, cala-se, adora, entrega-se a uma adoração silenciosa.

Outra característica da contemplação é que, dentro do método da leitura orante, *ela é ativa, exige conversão e precisa tomar uma posição.* Quando, por meio do texto lido, meditado e rezado, experimenta-se o amor de Deus, algo acontece: *Mudança*. Não se pode ficar mais na mesma maneira de pensar e agir. Esse é o desafio da *lectio divina* tentando realizar aqui e agora o Reino de Deus em você e a seu redor. É um desafio de amor depois que se experimenta o amor de Deus como graça e não merecimento.

7º PASSO: o método da leitura orante da bíblia é como um mapa: *indica o caminho, mostra o que Deus quer no concreto de vida.* O mesmo Deus, que estava presente no texto lido, meditado, orado e contemplado, está e estará sempre presente em sua vida, falando com você a partir de sua realidade e espera uma tomada de posição de sua parte, pois sua fala é sempre um apelo a um compromisso pessoal e comunitário com a vida, com os outros, com a transformação da história.

Todos nós somos convidados a tomar uma posição, *assumir um compromisso concreto.* Somos convidados a participar da história de salvação.

8º PASSO: na *lectio divina há uma necessidade de se despedir,* de encerrar não com um "adeus", mas com um "até logo". É o compromisso desejoso de buscar um novo encontro, pois, se não há momentos de encontro e intimidade, a fé e a amizade esfriam. A oração poderá ser encerrada com um Pai-Nosso ou um canto de sua preferência.

A *Lectio Divina* é um dom de Deus, um dos mais preciosos que Ele nos concede. E assim rezamos: obrigado, Pai, pelo dom de seu Filho amado, nosso Salvador. Obrigado pela Palavra Sagrada, que ele nos deu. Acreditamos que ela tem o poder de transformar nossa vida e de dispor-nos para recebê-la, ponderá-la em nosso coração e deixar-nos impregnar com a vida divina, como fez Maria, a Mãe de Deus.

CONCLUSÃO

Tentamos mostrar os sinais negativos do secularismo no mundo de hoje. Um movimento que quer eliminar todo conceito de religião e, certamente, a existência de Deus. A tradição cristã, no mundo ocidental, não tem tanta influência em todos os ramos da vida. Os resultados são assustadores, especialmente no campo de moralidade em que o individualismo eliminou qualquer responsabilidade com nosso próximo.

Depois tentamos mostrar que, somente assumindo uma vida espiritual, poderemos superar as influências negativas do secularismo; somente celebrando a presença de Deus em nossa sociedade moderna, poderemos mudar o profundo egocentrismo e nossa visão para solidariedade com os necessitados a nosso redor.

Essa espiritualidade exige disciplina em que nós buscamos entrar em profunda comunhão com Deus, que ama, sara e cura os males de secularismo, e com seu amor. Há necessidade de pararmos diariamente para estarmos em um relacionamento mútuo de amor com nosso Deus. Precisamos que Ele toque em nós e nos chame para a conversão em seu ser e seu agir. O caminho da conversão, de reconhecer a constante presença de Deus em nossa vida é a renovação diária da aliança bilateral que fizemos com Deus conosco no dia de nosso batismo. Foi uma aliança de amor mútuo, e Deus sempre foi e sempre será fiel a nós, cumprindo sua parte.

Precisamos acolher a espiritualidade de baixo para cima, isto é, não precisamos ser perfeitos diante de Deus e podemos abrir as portas daquelas coisas em nós que são pecaminosas. Não precisamos ter medo de Deus, que nos ama como somos, quer nos libertar do que nos impede de ter comunhão com Ele e com nosso próximo. Temos de descobrir um Deus que ama, que perdoa, que sara todas as nossas feridas interiores. E isso simplesmente não acontece sem darmos um tempo para estarmos com nosso Deus de amor. A oração, uma conversa amigável entre duas pessoas apaixonadas, é a resposta para superarmos os males do secularismo. Busquemos, ao menos vinte minutos por dia, estar nessa presença amorosa abrindo nosso coração a seus apelos de conversão.

Também explicamos as três dinâmicas de espiritualidade. Nosso relacionamento com Deus *(Evangelia)*; nosso relacionamento com nosso próximo *(Koinonia)* e, finalmente, a necessidade de sairmos de nós mesmos para amarmos e servirmos os que precisam de nós *(Diakonia)*. O que é importante é que essas três dinâmicas precisam ser praticadas, e não ficar em teorias. Somos chamados a viver as três dinâmicas para cumprirmos a aliança de amor de nosso batismo.

Depois falamos sobre a oração de contemplação como um dom universal de Deus, que foi dado junto com a aliança do Batismo. Deus nunca quis um relacionamento superficial com seus batizados. Ele quer, com uma paixão, que experimentemos seu amor no concreto de vida. A contemplação é a comunhão de amor entre Deus e seus amados, e Deus quer que experimentemos esse amor não de vez em quando, mas em cada momento de nosso dia.

Mais do que nunca, no meio do secularismo, precisamos usar o dom do discernimento. Somos cercados com a propaganda e as "fake news" (notícias falsas) que o secularismo promete. O secularismo e a ciência, que muitos aceitam como seu "deus", exige muito discernimento para poder incluir, em nossas reflexões, os ensinamentos de Jesus. Como foi dito, muitas vezes, o fim do discernimento é conhecer e, com amor, executar a vontade de Deus. Por isso precisamos correr para as fontes para descobrirmos essa vontade: Bíblia, carisma original do grupo em busca de luz, os sinais dos tempos e finalmente o aprofundamento dos ensinamentos de Jesus. Exige muita coragem ir contra as características do secularismo. Exige oração e partilha para podermos esclarecer e fazer a vontade do Pai.

Finalmente, falamos de *Lectio Divina* ou Orante. Deus não quer um relacionamento superficial com seus batizados. Uma leitura mais profunda da Bíblia é um convite para entrar seriamente no discipulado de Jesus Cristo e ser um membro de sua comunidade íntima com os doze apóstolos. É uma leitura responsável no desejo de seguir e continuar o ser e o agir do Mestre Jesus. Somente essa leitura pode nos livrar das influências e dos valores antievangélicos do secularismo.

Espero que este livro tenha aberto para vocês, leitores, novos caminhos de intimidade com Deus e de Deus com vocês.

ÍNDICE

Este livro foi composto com as famílias tipográficas Arial e Minion Pro
e impresso em papel Offset 70g/m² pela **Gráfica Santuário.**